論点解説

クロスボーダーM&Aの法実務

関口尊成　井上俊介 著

A Legal Guide to Cross-Border M&A

商事法務

はしがき

本書は、日本企業が当事者となるクロスボーダーM&Aに関し、法務担当者・経営企画担当者等の案件担当者を読者として想定した上で、案件担当者がM&Aを遂行する上で遭遇することが予期される、50の実務論点を解説するものです。

50の実務論点は、①案件組成、②Offer letter/LoI、③デューディリジェンス、④バリュエーション、⑤ストラクチャー、⑥SPA、⑦クロージング、⑧外資規制等の規制、⑨表明保証保険、⑩付随契約・PMI、⑪売却案件、⑫ジョイントベンチャー、⑬スタートアップ出資、⑭上場会社の買収といった幅広い内容をカバーしています。

各論点の解説においては、抽象論や細かい法律論をできる限り避けつつ、論点およびそれに対する解決策を具体的に示すこと、および、読者が、クロスボーダーM&Aの実務の全体像を把握しやすいよう、各解説を簡潔にし、通読しやすい頁数に収めることを意識しています。

本書の筆者らは、国内外のM&A、競争法対応等を多数取り扱っており、そうした日々の経験から数多くの実践知を得てきたと自負しています。そして、こうした実践知については、個人で独占すべきものではなく、広く世の中に共有し、役立てていただくべきものだと考えています。このため、本書が、何らかの形で、グローバルでの熾烈な競争に挑み続けている案件担当者にとって、一助になれば、望外の喜びです。

本書の刊行にあたり、本企画の可能性を見出し推進してくださった商事法務の浅沼亨氏、および本企画を最後まで精力的にバックアップしてくださった同社の澁谷禎之氏に対し、この場を借りて改めて感謝申し上げます。

なお、本書の記載内容は各執筆者の現時点での見解であり、すべて各執筆者が責任を負います。

2023年2月

関口　尊成
井上　俊介

目　次

第１　案件組成

実務論点１

海外M&Aの買収先候補はどのようにみつければよいですか。待っていれば誰かから話がくるものですか。……1

実務論点２

海外企業を買収する場合、優秀な海外の弁護士はどのように探せばよいですか。また、合理的な見積もりを得るためにはどのような工夫をすればよいですか。海外の事務所との委任契約で注意すべき点はありますか。……3

第２　Offer letter/LoI

実務論点３

入札案件で、売主から、オファーレターを提出するよう求められています。どのように記載をすればよいですか。Debt free cash freeでの買収価格の提示を要求されていますが、これは、どのような意味ですか。……7

実務論点４

売主から秘密保持契約の締結を求められています。日本語の秘密保持契約と違いはありますか。英文の秘密保持契約で特に注意すべきことがあれば教えてください。……9

第３　デューディリジェンス

実務論点５

海外M&Aの一般的なデューディリジェンス（DD）の流れやスケジュールを教えてください。また、DDではどのようなポイントに着目すればよいですか。国内DDとの違いはありますか。……14

実務論点 6
米国の弁護士からCFIUS DDを実施するべきと助言されたのですが、どのようなDDなのですか。他の国でも外資規制に関し、同様のDDを実施するものですか。……20
実務論点 7
対象会社の贈収賄リスクを見極めるには、どのような点に注意をしてDDを行えばよいですか。……24
実務論点 8
対象会社のカルテルリスクを見極めるには、どのような点に注意してDDを行えばよいですか。……26
実務論点 9
最近、M&AでESGに関するDDを行うことがあると聞きました。具体的にはどのように進めればよいですか。……29
実務論点 10
海外法律事務所から長大な英文DDレポートを受領しましたが、読み解くのに苦労しています。どのようなポイントに注目して読めば効果的ですか。……32

第4　バリュエーション

実務論点 11
DDを踏まえ、バリュエーションを行う必要がありますが、どのような方法で算定を行うのが一般的ですか。……35
実務論点 12
DDにおいてリスクをすべて洗い出すことは難しいと思いますが、そうした洗い出せなかったリスクにはどのように対応するのですか。……38

第5　ストラクチャー

実務論点 13
フィリピンでの買収を検討していますが、DDの結果、対象会社が長年印紙税を脱税していたことに起因する多額の税務リスクが判明しました。もともとは株式譲渡方式での買収を考えていましたが、ストラク

チャーを変えた方がよいですか。…… 41

第６　SPA

実務論点 14

株式譲渡契約（SPA）のドラフトが提出されてきました。SPAの基本的な構成とチェックポイントを教えてください。SPAの構成には、地域差がありますか。…… 44

実務論点 15

SPAが英語なので、全関与部署から十分なコメントをもらうことができず、いつも現地弁護士の勧めるコメントをそのまま受け入れる形で進んでしまいます。契約作成プロセスをもっと効果的にすることはできないですか。…… 46

実務論点 16

当社では、表明保証条項の交渉に多大な時間を取られてしまい、困っていますが、どうすればよいですか。また、表明保証違反による補償請求について、補償額の上限、下限、期間等を制限する規定が置かれていますが、相場観があれば教えてください。…… 48

実務論点 17

DDで把握したリスクについて、売主の表明保証違反を問うにはSPAにどのような規定を置けばよいですか。…… 54

実務論点 18

クロージング後に表明保証違反が発見されたときに、売主がきちんと補償してくれるか心配しています。支払いを確実にするためのSPA上の規定方法があれば、教えてください。…… 56

実務論点 19

贈収賄やカルテル等のコンプライアンスリスクに対し、SPAでどのような手当てをする必要がありますか。…… 58

実務論点 20

SPAの契約締結日からクロージング日までに１、２か月程度、間隔が空きそうです。サイニング時点でのバリュエーションをしているのですが、その１、２か月の間に、対象会社に生じた変動はどう反映される

のですか。……………………………………………………………………………… 61

実務論点 21

紛争解決条項はこだわらなくてよいですか。SPAにおいては、ほかにも確認しなくてはならない点が沢山あるので、いつもはあまり意識していませんが、問題ないですか。…………………………………………… 64

実務論点 22

売主は、対象会社の将来性について自信を持っており、強気な事業計画に基づいた買収価格を提案してきています。しかし、当社は売主の事業計画は楽観的過ぎると考えているため、折り合えず、買収価格の交渉が膠着してしまっているのですが、何かよい解決策はありますか。…… 68

実務論点 23

SPAの締結に際し、売主から、E-signingを求められたのですが、当社の代表取締役はパソコンでの対応は不慣れなため、代替策で対応したいです。……………………………………………………………………………… 70

実務論点 24

当社の署名権限者が委任状に署名する際に公証人による公証を受けるよう求められています。どのような点に気を付けるべきですか。署名権限者である当社の代表取締役の代わりに、秘書室長に公証役場に行ってもらおうと思いますが、問題ないですか。…………………………………… 72

第7　クロージング

実務論点 25

海外M&Aのクロージングで気を付けるべきポイントがあれば教えてください。海外送金をタイムリーに行えるのか心配です。……………… 76

第8　規制

実務論点 26

フランスの会社の買収を検討しています。SPAの締結前に、労働者代表と協議しなければならないと聞いているのですが、どのような対応が求められるのですか。そのほかの国でも労働者に関する典型的なイシューがあれば教えてください。…………………………………………… 79

実務論点 27
CFIUS DDの結果、CFIUS対応が必要であると助言されましたが、どのような形で対応すればよいですか。……80
実務論点 28
クロージング後のスムーズなPMIのために、契約締結後、クロージングまでの間に対象会社に対して一定の誓約を課したいのですが、競争法上どのような誓約であれば問題なく課すことができますか。……82
実務論点 29
対象会社から、DDを開始するに当たってクリーンチームの組成を求められています。対象会社と競合する事業の営業部員をクリーンチームに加えたいのですが、可能ですか。対象会社と競業する事業を所管する役員はどうでしょうか。……85
実務論点 30
競争法届出が必要な国・地域を特定する方法について教えてください。また、調査の結果、取引と全く関係ない国で届出要件を形式的に満たすことが判明した場合は、必ず届出をしなければならないのですか。……88
実務論点 31
競争法届出が必要な案件では、SPAでどのような点に注意する必要がありますか。また、競争法上のリスクが高い案件のSPAで注意すべき事項を教えてください。……91

第 9　表明保証保険
実務論点 32
英国のM&Aの入札で二次入札に進んだのですが、プロセスレターとともに、保険会社の概算見積もりが複数記載された、NBIレポートという保険ブローカーのレポートが共有されました。SPAを確認すると、買主が表明保証保険を購入することが前提になっているようです。当社としては何に気を付けるべきですか。……95
実務論点 33
表明保証保険を付保するまでに、どのような手続を履行すればよいですか。大まかな流れを教えてください。保険会社との交渉ポイントも教

えてください。………… 99
実務論点 34
保険金請求時の手続を教えてください。日本企業が関わった実例はありますか。………… 102
実務論点 35
今までは海外の入札で売主であるPEファンドに押し付けられて購入させられていましたが、日本企業として、今後、積極的に、表明保証保険を利用することはできますか。………… 105

第 10　付随契約・PMI

実務論点 36
対象会社の現経営陣には買収後も残留してもらいたいと考えています。現経営陣を対象会社に引き留めるための方策にはどのようなものがありますか。優秀な従業員を引き留めたい場合はどうでしょうか。… 107
実務論点 37
対象会社は、売主グループから、バックオフィス業務の支援を受けており、クロージング後、突然、そうした支援を受けられなくなると困ります。そこで、買収後しばらくの間は、売主グループによる支援を続けて欲しいのですが、どのように交渉すればよいのですか。………… 109
実務論点 38
買収した対象会社のコンプライアンスに関するPMIを任されました。PMI担当者として何をすればよいでしょうか。………… 111
実務論点 39
買収前のDDではコンプライアンス上の問題は発見できなかったのですが、買収実行後に対象会社にEU一般データ保護規則（GDPR）違反のおそれがあることが発覚しました。どのような対応が考えられるでしょうか。FCPA違反やカルテルについてはどうですか。………… 113

第 11　売却案件

実務論点 40
ポートフォリオの整理のため、海外子会社を売却することを計画しています。当社は、買収は経験がありますが、売却は経験がありません。売却案件の進め方で気を付けるべき点を教えてください。…… 116

実務論点 41

売主の立場で気を付けるべき、SPAの交渉ポイントを教えてください。…… 119

実務論点 42

弁護士から、当社は売主であるため、ディスクロージャースケジュールを準備しなければならないと助言されたのですが、どのように作成すればよいのですか。サイニングからクロージングまでに生じた事項は更新できるのですか。ディスクロージャーインフォメーションという規定もみたことがあるのですが、何が違うのですか。…… 122

第12　ジョイントベンチャー

実務論点 43

現地パートナー企業と組んで、現地にジョイントベンチャーを設立する予定です。単純な100%株式取得の場合と比べて気を付けなければならないことはありますか。…… 125

実務論点 44

ジョイントベンチャー契約で持分の譲渡やデッドロックの解消方法はどのように定めたらよいですか。…… 127

実務論点 45

ジョイントベンチャーの場合に必要な競争法上の手続について教えてください。…… 130

実務論点 46

ジョイントベンチャーの運営に関して競争法上注意すべき点があれば教えてください。海外子会社と同じように扱ってよいですか。…… 133

実務論点 47

米国のスタートアップ企業の買収を検討しています。同社は、巨大IT企業の元エンジニアが立ち上げた会社で、ある先進技術について強みを持っています。このような企業を買収する際の注意点を教えてください。…… 135

第13　スタートアップ出資

実務論点 48
買収ではなく、米国やイスラエルのスタートアップ企業への出資を考えています。国内のベンチャー出資と何が違いますか。……140

実務論点 49
シリコンバレーのスタートアップ企業から、ブリッジでの出資を求められているのですが、通常のラウンド投資とは何が違いますか。日本の規制上何か気を付けるべきことはありますか。……144

第14　上場会社の買収

実務論点 50
上場会社の買収は、非上場会社の買収と比べ、何が異なりますか。……147

事項索引……151

第1　案件組成

実務論点1　海外M&Aの買収先候補はどのようにみつければよいですか。待っていれば誰かから話がくるものですか。

金融機関からの紹介/取引先からの打診/オファーレター(offer letter)/MoU (Memorandum of Understanding)・LoI (Letter of Intent)/ロングリスト・ショートリスト

1　証券会社等からの紹介

証券会社、銀行等の金融機関から紹介されるケースがあります。紹介の際は、ティーザー(Teaser)と呼ばれるノンネーム（対象会社の名前は記載されていません）で売却を検討している対象会社の概要を簡単にまとめた簡易なペーパーが交付されます。

ティーザーを確認し、興味を持った場合、売主との間でNDA（Non-Disclosure Agreement）を締結した上、インフォメーションメモランダム（Information Memorandum）と呼ばれる、対象会社の名称等を明らかにした、より詳細な事業、財務等に関する情報集が交付されます。

金融機関が声掛けし、興味を示した先が複数になる場合、入札手続になることがあります。この場合、インフォメーションメモランダムに加え、入札ルールを定めたプロセスレター(Process letter)が交付されるので、当該レターに従い、その後の手続を進めます。当初に交付されるプロセスレターには、第一次入札の入札書であるオファーレター(offer letter)で記載すべき事項、期限等の指示が記載されていますので、インフォメーションメモランダムの情報を検討しつつ、当該指示に従って、入札書を作成することになります。なお、入札の流れは、**実務論点5**を確認してください。

2　取引先からの打診

日常、取引をしている先から、海外M&Aの打診があることもあります。例えば、取引先の海外子会社を買収しないか等という誘いです。この場合、両者間で、秘密保持契約を締結した上で、交渉を進めます。

その後、MoU（Memorandum of Understanding）、LoI（Letter of Intent）と呼ばれる、予定される取引に関する次に挙げるような基本的事項を定めた簡潔な覚書を締結した上、デューディリジェンス（DD）を行い、最終契約を締結するという流れになることが多いです。

ア　取引形態（買収法人、ストラクチャー等）
イ　買収価格
ウ　取引の前提条件、DD（スコープ、スケジュール等）
エ　役職員の処遇
オ　費用負担
カ　取引に必要な社内の機関決定
キ　守秘義務
ク　独占交渉権
ケ　法的拘束力
コ　準拠法・管轄

通常は、一部（上記オ、キ、ク、ケ、コ等）を除いて、法的拘束力のない、紳士協定の形を取ります。なお、LoIは、レター形式で作成されることもありますが、相手方当事者によってカウンターサインされることもあり、その場合、両当事者が署名することになるため、実質的には、覚書（合意書）形式と変わらないことになります。

3　ロングリスト、ショートリスト

上記はいずれも外からの打診を待つという意味では「受け身」の対応ですが、より積極的な方法もあります。

この場合、まず、買収したい会社をリストアップします。こうして作成された第一次のリストは「ロングリスト」と呼ばれます。ロングリストを作成した後は、詳細な絞り込みを行い、「ショートリスト」を作成した上、ショートリストに記載された企業に対してアプローチします。

連絡先がわからない場合には、証券会社等に間に入ってもらうこともあります。また、相手方に連絡する場合には、「アライアンスの件」等という形で、「買収提案」等の直接的な表現をしないようにするのが通常です。①相手方に余計な警戒感を抱かせないようにすること、②相手方が上場会社の場合、国によっては、その子会社の買収提案がなされたことが開示事由になる可能性があること、③情報管理等が主な理由です。

（関口）

実務論点 2　海外企業を買収する場合、優秀な海外の弁護士はどのように探せばよいですか。また、合理的な見積もりを得るためにはどのような工夫をすればよいですか。海外の事務所との委任契約で注意すべき点はありますか。

ローカルカウンセル/日本の法律事務所との協働/委任契約書（Engagement letter）/レッドフラッグレポート（Red flag report）

1　タイプ別管理

ローカルカウンセルは、タイプ別に整理するとわかりやすいです。

1つ目は、世界展開する欧米系のグローバルファーム、2つ目は、世界展開はしていないが当該法域での大手事務所、3つ目は、そのいずれでもないが、当該事務所の弁護士が個人的に優秀で、費用を抑えつつ、小回りが利く中小規模の法律事務所です。

一般論として、1つ目の法律事務所は、対象会社グループが世界中に現地法人や支店を有している案件との相性がよく、2つ目の法律事務所は、当該国で比較的規模の大きな案件との相性がよく、3つ目の法律事務所は、案件規模は小さいためリーガルフィーを抑えなければならない案件との相性がよいです。

2　日本の法律事務所

上記のようなローカルカウンセルのリストを保有していない場合には、コンタクトを有している日本の法律事務所に相談することで情報を補完することができます。特に、海外M&Aを専門的に取り扱っている日本の法律事務所は、定期的に海外の弁護士と協働していますので、幅広いリストを保有しています。

こうした日本の法律事務所は、当該具体的な案件についてどの事務所のどの弁護士が優秀かという実務感覚をもっています。また、そのような日本の法律事務所（海外事務所にとっては優良顧客扱い）を通すことで、ディスカウントでのアワリーレートが提示されることもあります。

3　委任契約書

⑴　レビューポイント

海外の法律事務所をリテインする場合、同事務所と委任契約書（Engagement letter）を締結します。委任契約書でよくあるレビューポイントは次のようなものです。

ア　事前に合意したアワリーレートやキャップ（報酬上限）について齟齬がないか

イ　a fixed percentage of X% of our fees for general office expenses というような名目で経費負担を求める条項が入ることがあるが、X%の水準について交渉を試みるべきか（実際、オランダ案件で、当初提案で6%の提示されたものの、1%で折り合えたことがあります）

ウ　報酬の支払時期は、請求書発行後２～４週間以内とされていることもあるが、日本の会社の実務上もう少し長い支払いスパンが必要なことも多いため、60日程度で再交渉するべきか（社内の経理ルールの事情を説明すれば妥協してくれることも多いです）

なお、海外法律事務所と報酬上限（Cap）等を交渉する場合、交渉の前提を明確にすることをお勧めします。

例えば、DD、株式譲渡契約（SPA）、クロージング等のフェーズに分けて、それぞれについて作業スコープに係る前提条件を置くことで、効果的な交渉をしやすくなります。

また、作業スコープに関しては、インパクトが一定額以下の問題はDDにおいて調査しない、DDで調査した事項のうち発見された問題点のみDDレポートに記載する（調査をしたが問題なかった事項はレポートしないことから、作業量が減少する）等の方法が考えられます。そのような（問題点のみ指摘する）DDレポートは、レッドフラッグレポート（Red flag report）と呼ばれます。レッドフラッグとは問題点に「赤旗を立てる」という意味であり、（調査したが問題点が見つからなかったものについては報告書には特段記載せず）問題点のみを列挙していく、問題点指摘型のレポートであることを示すものです。

⑵ アボーション

アボーション（abortion）という方法もあります。これは、M&A案件が不成立の場合に、法律事務所の報酬を10～30%程度ディスカウントする取決めです。

こうしたディスカウントのアレンジは、法律事務所にとってもリスクがあるので、買主候補が複数いる入札案件における買主候補への助言をするときには、交渉しにくいと思われます。買主候補が入札を最後まで勝ち抜いた上で、取引を完結しないとディスカウントになってしまうため、ディスカウントの現実性が高く、法律事務所が躊躇を覚えるのは想像に難くありません。

逆に、入札案件の売主の場合、売主が落選するようなことはないので、こうしたリスクシェアリングの仕組みを交渉しやすくはなります。最近でも、英国の売却案件で、アボーションを要求し、応諾してもらったことがあります。

⑶ マネーロンダリング規制

世界的にマネーロンダリング規制が強化されており、法律事務所と契約する際に、依頼者の本人確認（Know Your Customer）が求められるケースがあります。

会社の場合には、UBO（Ultimate Beneficiary Owner）と呼ばれる実

質的支配者である株主の特定、パスポートの写し等のUBOの本人確認書の提出等が求められることがあります。なお、上場会社の場合、株主が不特定多数に及ぶため、取締役がみなしUBOとされる場合があります。

また、添付書類として、商業登記簿の写しの提出が求められることがあります。商業登記簿の英訳が手元にあると役に立ちます。

（関口）

第2　Offer letter/LoI

実務論点3　入札案件で、売主から、オファーレターを提出するよう求められています。どのように記載をすればよいですか。Debt free cash freeでの買収価格の提示を要求されていますが、これは、どのような意味ですか。

オファーレター/Debt free cash free/ Normal level of working capital

1　オファーレター

オファーレターは、法的拘束力があるものと法的拘束力がないものの2つに分けられます。

法的拘束力がない入札書（Non-binding offer letter）は、第一次入札で提出され、入札の手順書であるプロセスレターの指示に従い、次のような事項が記載されます。なお、下記のうち、秘密保持義務等の一定の事項以外は法的拘束力を有しないと定められるのが通常です。

ア　入札理由

イ　取引形態（買収法人、ストラクチャー等）

ウ　入札価格

エ　資金手当て

オ　役職員の処遇

カ　競争法等規制対応の見込み

キ　取引の前提条件、DD（スコープ、スケジュール等）

ク　取引に必要な社内の機関決定

ケ　守秘義務

コ　法的拘束力

プロセスレターに記載はありませんが、買主候補者が、オファーレターにおいて、独占交渉権の付与を求めることがあります。独占交渉権を付与されれば、買主候補者は、第二次入札で他の買主候補者と競争させられることなく、売主と相対で交渉することができるからです。

次に、第二次入札に進んだ場合、法的拘束力がある入札書（Binding offer letter）が提出されます。上記のその内容は、法的拘束力がない入札書に係る記載事項と重複しますが、記載事項について法的拘束力が付与される点が大きな差異です。

なお、オファーレターは、（相対案件で用いられる）MoU やLoIと内容が類似します。入札であっても、相対取引であっても、買収にあたり取り決める内容が同じようなものになるのは当然ではあります。

2　Debt free cash free

買収価格（株式価値）は、対象会社の事業価値（Enterprise value）（企業価値ともいいます）から、純有利子負債（Net Debt）を控除して、計算するのが基本な考え方です。なお、純有利子負債は、銀行ローン等の有利子負債（Debt）から現預金等の現金（Cash）を控除した数値です。

具体的には、買収価格は、次頁の図のとおり、事業価値から有利子負債を控除し、現金を加算することで、計算されます。こうした算定の背景には、事業価値は、株主の資本と債権者からの借入れで生み出されたものであり、当該価値のうち、株主に配分されるべきなのは、債権者からの借入れ（つまり有利子負債）を控除したものとなるという考え方があります。また、現金は、（有利子負債はすでに控除されているため債権者ではなく）株主に帰属する非事業資産（事業の用に供していない資産であり、事業価値を生み出すもとにならない資産）として、買収価格に加算されます。

海外M&Aでは、オファーレター等で、on a debt free cash free basisという用語が頻繁に登場しますが、これは、上記で説明した事業価値のことを指しています。事業価値は、有利子負債、現金を考慮する前の数値であるため、こうした事業価値の数字をオファーレター等に記載することを明確にするため、debt free cash freeベース（有利子負債、現金を考慮しないベース）だということを明示しているのです。

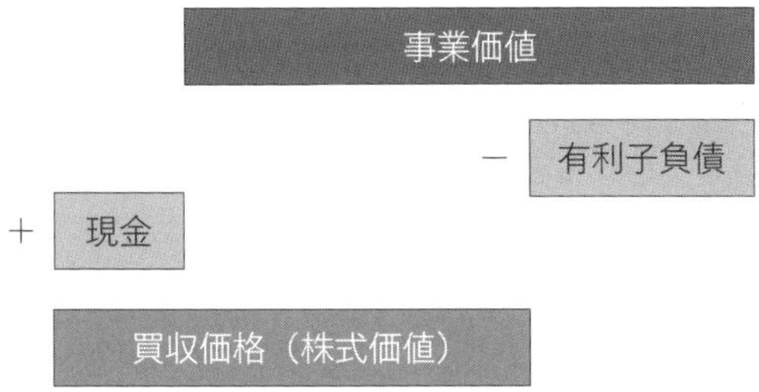

事業価値
− 有利子負債
＋ 現金
買収価格（株式価値）

また、オファーレター等では、debt free cash freeのほか、a normal（またはsufficient）level of working capital for the future operations of the businessという用語もよく用いられます。提示したバリュエーションが、通常レベルの運転資本（working capital）が確保されていることを前提にしているという意味です。運転資本とは、営業活動に投下されている資金をいい、次のように計算されることが一般的です。

純（正味）運転資本＝（売上債権＋棚卸資産＋その他流動資産）－（仕入債務＋その他流動負債）

（関口）

実務論点 4　売主から秘密保持契約の締結を求められています。日本語の秘密保持契約と違いはありますか。英文の秘密保持契約で特に注意すべきことがあれば教えてください。

NDA・CA/秘密情報の破棄の例外（システムバックアップ・紛争時の予備）/ライセンスの不存在/表明保証の不存在/残留情報（residuals）/衡平法による救済（差止め）

1　秘密保持契約書（NDA）

本格的な交渉やDDの開始前に、両当事者間で秘密保持契約を締結します。入札案件では、双方が合意するのではなく、入札者が売主に対して一方的に差し入れる差入書方式が取られる場合もあります。いずれの場合も売主がドラフトを提示することが一般的です。日本企業が買主側に立つ場合、情報受領者としてどのような義務を負うかがレビューのポイントになります。

他方、スタートアップ投資では、投資家側がドラフトを提示することもあります。海外投資家からドラフトを提示された場合、自社の情報が十分に保護されているかという観点からレビューすることになります。

秘密保持契約は、Non-disclosure Agreement（NDA）と呼ばれたり、Confidentiality Agreement（CA）と呼ばれたりすることがありますが、大きな違いはありません。本書ではNDAで統一します。

2　NDAの内容

NDAの内容は、国内M&Aの場合とさほど変わりません。主な内容は以下のとおりです。

条項	趣旨とポイント
秘密情報の利用目的	M&Aに関する交渉、評価等に限定されることが多い。
秘密情報の定義	口頭で開示された情報の取扱い、秘密である旨の明示の要否、NDA締結前に開示された情報の取扱い等が重要。受領者にとっては狭いほど有利。
秘密情報から除外される情報	①公知情報、②受領者が元々保有していた情報、③第三者から適法に受領した情報、④受領者が独自に開発した情報などが除外される。
第三者への開示・漏えいの禁止	第三者への開示・漏えいが生じないような体制整備まで求められることも。
目的外使用・複製の禁止	開示された情報の目的外使用・複製を禁じる条項。
開示が許容される例外①（法令等に基づく場合）	法令に基づく場合や、裁判所・行政機関等の命令に基づく開示が許容される。開示者に対する通知や開示範囲を最小限に抑えることなどが求められることも。

開示が許容される例外②（許容される開示先）	①秘密情報を知る必要のある役職員、②弁護士、会計士等の専門家への開示が許容される。親会社・関連会社に開示する必要があれば、それらへの開示も許容されるようにする必要がある。
情報の返還・破棄	契約終了時や開示者からの求めがある場合に秘密情報を返還・破棄することを定める。返還・破棄したことを証する証明書の提出を求められることも。
有効期間	秘密保持義務の有効期間が定められる。受領者には短いほど有利。
損害賠償	NDAの条項に違反した場合の損害賠償が定められる。
準拠法・裁判管轄等の一般条項	売主ドラフトでは売主の所在国の法律・裁判所が定められていることが多い。

ただし、多くの場合、各条項について国内M&Aの場合よりもかなり詳細に規定します。これに加え、一部、国内M&AのNDAではまだ見慣れない条項もあります。以下、そのような例をいくつかご紹介します。

3　注意すべき条項

(1)　秘密情報の破棄の例外（システムバックアップ・紛争時の予備等）

NDAでは、契約終了時や、開示者の求めがあったときには受領者が秘密情報を破棄・返還することを定めるのが通常です。ただ、特に秘密情報がデジタルデータの場合、いったん受領者のコンピュータに保管されると、コンピュータ上から完全にデータを消去するのは困難な場合があります。

そこで、定期的なコンピュータバックアップにより保管されるデータや、通常の処理で削除できないファイルは破棄の対象外であることを定める場合があります。また、将来の紛争等に備えて、アーカイブデータとして秘密情報を保管することができると定める場合もあります。受領者としては、このような例外を定める必要がないか検討する必要があります。

⑵　ライセンスの不存在

開示される秘密情報が開示者の財産に属し、受領者に対し秘密情報やそれに基づく知的財産権に関する何らのライセンスも付与するものでないことを規定する場合があります。さらに、受領者が秘密情報に基づき発明等の成果を生じたときは、当該成果は開示者に帰属することを定める場合もあります。

開示情報をM&Aの検討という目的外で利用することは別の条項で禁止されますので、明確化のための規定といえます。受領者としては削除までは求めないことが多いですが、自己の発明等がDDで開示された情報に基づかず、独自に開発された証拠を残しておくことが重要となります。

⑶　表明保証の不存在

開示者は、秘密情報をそのままの状態で（as-is basis）で提供するものであり、その内容の正確性、完全性、有用性等について何らの表明保証も行わないことを規定する条項です。さらに秘密情報が第三者の権利を侵害していないことについて何らの表明保証も行わないことを規定する場合もあります。

これらの点は最終契約における表明保証条項において交渉すべきポイントといえますので、明確化のための条項といえます。受領者としては、趣旨を理解した上で、あえて削除を求めないことも多いでしょう。

⑷　残留情報（residuals）

上述のとおり、NDAでは秘密情報の破棄・返還条項を定めるのが通常です。ただ、書類や情報媒体を破棄・返還しても、その情報に触れた受領者の従業員等の頭に記憶された情報を消すことはできません。このような頭に残った情報の利用を許容するのが残留情報条項です。

「残留情報」の定義としては、「受領者の従業員等の『unaided

memory』（記憶補助手段によらない記憶）により得られた情報をいう。情報を保持し、事後的に情報を使用・開示するという目的のため意図的に秘密情報を記憶した場合でなければ、『unaided memory』に該当する。」といった文言が用いられますが、読めばわかるとおりその外延はあいまいです。

受領者に有利な条項なので売主側ドラフトに入っていることはほぼありませんが、スタートアップ投資案件で海外投資家が提示するドラフトに入っているのを見たことがあります。有名な外資系企業から出資の申し出を受け、舞い上がって内容をよく確認せずにNDAを締結してしまい、結局投資も受けられずアイデアだけ盗用されてしまった、というようなことにならないよう、応諾するかどうかをよく吟味すべきです。

(5) 衡平法による救済（差止め）

米国、英国などで採用されるコモンロー（common law）の下では、契約違反に対する救済は金銭賠償が原則です。もっとも、秘密情報が漏えいした場合、事後的な金銭賠償のみでは十分な救済が得られないことから、損害賠償請求に加えて、衡平法（equity）上の救済である差止命令（injunction、injunctive relief）を求めることができることを規定する場合があります。

日本法上も、秘密情報が不正競争防止法上の「営業秘密」に該当する場合には差止請求をすることができますが（同法3条）、そうでない場合にも差止請求ができることを明確にするため、秘密保持契約において差止請求ができることを定める例も増えています。受領者としては趣旨を理解した上で応諾するケースが多いかと思います。

（井上）

第3　デューディリジェンス

実務論点5　海外M&Aの一般的なデューディリジェンス（DD）の流れやスケジュールを教えてください。また、DDではどのようなポイントに着目すればよいですか。国内DDとの違いはありますか。

相対・入札/海外案件のDDの特徴

1　DDの流れやスケジュール

(1)　相対

相対の場合、入札より時間をかけてDDが進められるケースが多いです。買主、売主が一対一で行うため、融通が利きやすいということ、買収話の前に売主側であまり準備していなかった資料収集に時間がかかること等が背景にあります。期間は、3～6週間、場合によってはそれ以上の期間を要することも多いです。

相対の場合の流れは次のとおりです。

ア　NDA締結

イ　基本合意・意向表明（MoU・LoI）

ウ　DD

エ　サイニング

オ　クロージング

(2)　入札

相対よりも早く進むケースが多いです。プロセスレターのルールに従い厳格に期間管理されていることが背景です。特に、売主による対象会社のDDであるベンダーDD（実務論点40参照）がなされている場合には、DD期間が非常に短くなることがあります（2週間程度ということもあります）。ベンダーDDレポートにより対象会社の基礎情報がすでに買主に提供されているため、買主によるDDはそれを補足するという位置づけになるからです。

入札の場合の流れは次のとおりです。

ア　NDA締結
イ　第一次入札
ウ　DD
エ　第二次入札
オ　サイニング
カ　クロージング

2　国内DDとの相違

(1)　大枠

DDについては、国内と海外で大きな差異はありません。国内では、次のような分野を対象としてDDが行われますが、これは海外でも基本的に同じです。

ア　会社・組織
イ　株式
ウ　計算書類等
エ　資産（不動産、動産等）
オ　知的財産権
カ　負債
キ　許認可
ク　法令等の遵守
ケ　重要な契約
コ　労務
サ　保険
シ　税務
ス　訴訟・紛争
セ　環境
ソ　関連当事者間取引

上記のうち、法務DDにおいて、国による法制の違いが最も大きく出るのは、法令等の遵守に係る分野です。

また、税務は、国による相違が出やすい分野であるため、海外M&AのDDでは、①潜在リスクのチェック（特に、移転価格税制等インパクトが大きいイシュー）、②対象会社の税務ポジション（例えば、引継ぎ可能な繰越欠損金、優遇税制の適用継続の可否）等について、当該国の特徴を踏まえて、慎重に検討する必要があります。

税務に関し、ソフトバンク・スプリント/ブライトスターケース（2013年、2014年）においては、ソフトバンクが買収したスプリントおよびブライトスターグループの中に、タックスヘイブン対策税制の対象となる軽租税国が含まれていましたが、これを把握できず、買収完了の数年後に、国税庁から939億円の申告漏れを指摘されています。なお、タックスヘイブン対策税制とは、事業上の合理性がないにもかかわらず、租税負担の軽い国や地域に所在する子会社等を通じて事業を行うことにより、租税回避を図る行為を規制するための制度をいいます。

財務は、各国で個別事情がありますが、税務ほど国内M&Aとの差異は大きくないと思われます。なお、国内M&Aと同様ですが、一般論として、海外M&Aでも、対象会社の財務諸表が監査法人によって監査（audit）がなされていないような財務諸表（典型的にはマネジメントアカウント）については、会計リスクが相対的に大きいため、慎重な調査が求められます。

⑵　調査方法

日本では、会社登記、不動産登記および知的財産権登録等についてインターネットを利用した調査が可能ですが、海外では、そのほかにも、①裁判所での係争状況、②担保設定状況、③倒産手続申立状況等について、インターネットを利用して調査できる国も多いため、そうした調査方法の特徴も、日本のDDとの相違として挙げられます。①はlitigation search、②はlien search、③はbankruptcy search等と呼ばれます。

また、フランスの不動産の所有権に関する公証人（Notary）による調査のように、特別な資格者によるDDが必要になることもあります。不動産に関しては、インドでも‘Title Due Diligence’と呼ばれる特別な調査を要することがあるため、注意が必要です。

(3) 各法域で特に注意すべきリスク

各法域で、対象会社をDDする上で、注意しておきたいリスクの例をいくつか挙げます。

ア　アジア

アジアでは、特に、許認可・法令違反、不正会計等のコンプライアンスに関する問題に注意する必要があります。

許認可・法令違反に係るケースとして、第一三共・ランバクシーケース（2008年）が有名です。このケースでは、第一三共によるランバクシー（インド）の買収後に、米国当局から、ランバクシーに対し、米国への医薬品輸出に係る許認可コンプライアンス違反を理由に、対米輸出禁止命令がなされ、第一三共が想定していた売上高を見込めなくなった結果、第一三共に3,540億円もの特別損失が生じました。

これはインドのケースですが、許認可に関しては、中国政府の方針が頻繁に変わるため、中国でのM&A案件でも注意が必要です。例えば、北京オリンピックの準備のため、突然工場の電力制限が課される等、戸惑うような経験をしたこともあります。

不正会計については、リクシル・グローエケース（2014年）が有名です。このケースでは、リクシルがドイツのグローエグループを買収しましたが、買収の翌年に、グローエグループ傘下の中国の現地法人で、700億円を超える会計不正が発覚しました。

また、当職が担当したインドネシア案件では、DDにおいて、対象会社が許認可を取得せず一部の事業を行っており、これを隠匿するため、当該事業の売上げを計上せず、税務申告していた問題が発見されたことがあります。許認可の問題が不正会計や不正税務申告につながっていたケースです。アジアでのリスクを象徴するケースだと思います。

なお、二重帳簿が作られている場合、DD過程で、売主からその旨開示されることも少なくありません。例えば、売主が利益を低く偽った税務申告用の帳簿と本当の利益を示した帳簿を作成していたとします。しかし、対象会社のバリュエーションの際に、前者の利益を低く偽った帳簿を使ってしまうと、買収価格が低く算定されてしまいます。このため、売主は、真実の帳簿がほかにあると自ら明らかにすることがあります。

また、インド等が有名ですが、アジアにおいては、税務当局が無理な主張を含め非常に積極的な課税処分を行う国が多いため、税務リスクにも注意する必要があります。JT・マイティケース（2017年）では、JTが買収したマイティ（フィリピン）による印紙税の脱税が問題となりました（実務論点13参照）。

最後に、実務論点7でも述べるとおり、腐敗認識指数等によりリスクが高いとされる国では、贈賄リスクにも注意が必要です。

イ　欧州

欧州は、労働者の保護が厚い傾向があるため、買収に前置しなければならない労働者との協議等、買収のために必要な手続がないか注意することが求められます。例えば、実務論点26でも述べるように、フランスでは買収にあたり対象会社のCSEと呼ばれるワークスカウンセルとの事前協議が必要になります。

また、欧米は、個人情報保護法の規制が厳しくなってきており、M&Aにあたっても当該規制との関係が問題になることが増えてきています。

例えば、マリオット・スターウッドケース（2018年）では、マリオット・インターナショナルが2016年に買収した英国のスターウッドホテル&リゾートで、2014年から、不正なハッキングにより、顧客情報（31か国、約3,000万件のEU市民のデータが含まれていました）が流出していたことが2018年に発覚し、GDPR違反が問われました。

こうした情報セキュリティについては、時間と範囲が限られるDDのフェーズでは対応が難しいことが多いため、買収後速やかに（つまり、買収後統合プロセスであるPMIフェーズにおいて）情報セキュリティに係るシステムの頑強性等を調査し、問題があれば速やかに対応するのが現実的だと思われます。また、買収後に、表明保証違反の補償期限前に問題を認識できれば、請求権を喪失する前に、売主への補償請求を行うことが可能になります。

同様に、カルテル違反についてもDDでは発覚しにくいため、PMIフェーズでの対応が有効だと考えられます。例えば、日本板硝子・ピルキントンケース（2008年）ケースでは、日本板硝子が2006年に英国のピルキントンを買収しましたが、買収後の2008年になって、1998年から2003年にかけて自動車用ガラスに係るカルテルが発覚し、ピルキントンに対し、3億5,700万ユーロの制裁金が課せられました。このように、対象会社において買収前から行われていたカルテルについては、買収前に発見するのは難しいですが、買収後のPMIフェーズで早期に発見できれば、リーニエンシー等の救済策の選択肢を広げることもできます。また、上記の情報セキュリティでの議論と同様、表明保証違反の補償期限の徒過を防ぐことにもなります。

ウ　米国

米国は、訴訟リスクが高いため、上記で触れたLitigation Searchを行う等し、現時点で対象会社に重大な訴訟が係属していないかを確認することが重要です。

また、企業年金等の福利厚生の制度が日本より複雑であるため、DDレポートを一読しただけでは理解できないような細かい指摘がなされることがあります。場合によっては、人事労務アドバイザーや、社内の福利厚生チームのサポートを受けるのがよいこともあります。加えて、移民が多いこともあり、就労資格等に関するDDにも一定の重点が置かれることも日本のM&AにおけるDDとは異なる特徴です。

さらに、実務論点6でも触れるとおり、外資規制上の対応が必要かを確認するため、CFIUS DDと呼ばれるDDが行われることがあります。当該外資規制関係のDDは、他の法域でも、同様に行われることが多いですが、近年は、米国のCFIUSが最も注目を集めています。

最後に他の法域と同様ですが、製造業等においては、環境問題の有無の確認が重要です。特に米国では、環境問題が顕在化すると、制裁金リスクのほか、周辺住民等からの訴訟リスクが生じる可能性も高いため、注意が必要です。日本ペイント・アクサルタケース（2017年）では、日本ペイントが米国の同業のアクサルサを買収することを検討しましたが、アクサルサが塗料工場の環境汚染のための環境DDに対して消極的であったため、環境汚染が顕在化した際のリスクを懸念し、日本ペイントが買収を断念したとされています。

（関口）

実務論点6　米国の弁護士からCFIUS DDを実施するべきと助言されたのですが、どのようなDDなのですか。他の国でも外資規制に関し、同様のDDを実施するものですか。

CFIUS DD

1　米国

米国では、CFIUS（対米外国投資委員会）による外資規制が存在します。これは、外国投資により米国の安全保障が脅威にさらされないように、米国事業に対する外国からの投資を監視する規制です。

対象会社が米国外の会社であっても、米国で事業を行っている場合には、米国事業に該当する可能性があります。リクシル・ペルマスティラーザケース（2017年）では、リクシルが中国企業との間で、イタリアの建材子会社であるペルマスティラーザを売却する合意を締結しましたが、CFIUSからの承認が取れず、最終的に取引を解消しています。ペルマスティラーザは、米国の会社ではありませんが、米国での事業活動（売上の4割は米国）がありました。建材会社が米国の安全保障にどう関わるかという疑問が生じますが、例えば、米国の重要な政府機関の建物に同社の壁材が使われていると、当該政府機関の建物の強度等のセキュリティ情報が漏れてしまう可能性があり、これを懸念したという推測も可能です。

また、この規制は、原則として、米国事業のコントロール（control）

を取得する場合に適用されますが、過半数を取得しなくとも役員選任権等を踏まえ柔軟にコントロールが認定される上、コントロールがなくとも適用される場合もあるため、注意が必要です。

そこで、米国での買収または投資案件では、目下の案件が、CFIUS規制が適用されるような（つまり、米国の安全保障に関わるような）ものか否かを確認するため、CFIUS DDを行います。

具体的には、買主は、公表情報を調査し準備した上、売主に対し、対象会社に関し、以下のような初期情報を提供するように求めます。こうした初期情報を基に、更問をしていくことで、リスク分析が可能になります。

CFIUSは、外国資本が国家安全に関わるような技術、情報等にアクセスできることが問題視するのですが、これは輸出されたり、米国内で無許可利用されたりすると困る技術、情報等を規制する輸出等の管理規制と重なる規制であると考えると、その大枠がイメージしやすくなります。

（対象会社に関する事項）

ア　米国内外の拠点の位置および機能

イ　輸出管理規制（Export Administration Regulation）に服する米国事業に係る輸出管理分類番号（ECCN番号）、および各ECCN番号に該当する品目について、具体的にどのような事業活動を行っているか

ウ　国際武器取引規制（International Traffic in Arms Regulation）に基づく登録を受けているか、または国家産業保全プログラム運用マニュアル（National Industrial Security Program Operating Manual）におけるセキュリティクリアランスを受けているか

エ　米国市民のセンシティブな個人データを収集またはアクセスしているか。収集またはアクセスしているとして、どのように収集またはアクセスし、管理しているのか、数はどのくらいか

オ　インターネットプロトコルネットワーク、海底ケーブル、発電施設、製油所等の重要なインフラを有していないか

カ　米国政府に対し、製品・サービスを提供していないか。米国政府の国家安全に関連する施設付近に使用する施設がないか

（買主に関する事項）

キ　中国での活動はどのようなものがあるか（例えば、①中国子会社、②ジョイントベンチャー、③中国の商業、政府、研究機関との研究開発

活動の活動内容）
ク　買主グループの米国での事業（特に、米国政府との事業）
ケ　北朝鮮、イラン、シリア、ロシア等、米国の制裁の対象となっている国からの、または当該国における事業または個人からの過去５年間の売上高

なお、最近の米中関係から、買主と中国の関係が審査に影響を与えることが多いため、そのような関係の有無・内容についての買主サイドでのセルフチェックも重要になります。

2　欧州

欧州でも、近年、米国同様、安全保障目的での外資規制が強化されています。例えば、フランスでは、非フランス籍買主による「センシティブセクター」の直接または間接取得には、当局の事前承認が必要とされます。センシティブセクターとは、国防の利益を損ね、公の権限の行使に関与し、または公の秩序安全を損ねる可能性のある活動（例えば、フランス防衛省への特定の物品の提供活動、エネルギー保管活動、航空宇宙関係の活動）をいいます。

こうした外資規制の手続が必要かを確認するため、対象会社がセンシティブセクターに係る活動を行っていないか等につき、DDで調査することになります。具体的には、売主と協働しつつ、上記で述べた米国のCFIUSと類似した分析を行っていくことになります。当職が担当したフランス案件（2021年）では、一見安全保障にかかわらないような対象会社の製品がフランス軍により使用されていたことが判明したことがあります。

なお、米国と同様、買主と中国との関係が注目される傾向があります。

3　アジア

アジアでは、安全保障的な規制のほか、産業保護的な規制についても、注意が必要です。例えば、タイでは、外国人事業化法で、①国の伝

統や文化に関わる業種、②国の安全に関わる業種および③外国人に対して競争力が不十分な業種（精米、製粉、養殖、植林、合板、会計、法律、建築設計、技術事務所、建設、仲介、代理業、競売、地場農産物国内取引、小規模小売卸売業、広告業、ホテル業、観光業、飲食店、種苗、サービス業等）への投資を制限しています。

もっとも、大きな潮流としては、産業保護的な規制は徐々に緩和されつつあります。例えば、インドネシアでは、2020年11月2日に制定された「雇用創出に関する法律2020年第11号」（オムニバス法）が、投資法を改正し、従前のネガティブリスト（大統領令2016年第44号）を失効させ、その代わりに、2021年3月4日から、大統領令第10号（新リスト）を施行させました。これにより、外資規制の対象となるネガティブリストが従前の350項目から46項目（こうした項目は、インドネシア標準産業分類（KBLI）をベースに分類されます）へと削減され、規制が大幅に緩和されました。

また、アジアでは、外国人・法人に、不動産の私的所有を認めない国もあります。また、マレーシアのマレー系住民を優遇するための「ブミプトラ」政策により、マレー系住民による一定の出資が要求されている業種があります。

こうした外資規制は、インドネシアのネガティブリストのようにリスト化されているもののほかに、個別の業法または当局から課される許認可の条件によってなされることもあります。また、マレーシアでは公表されていない政府内の運営方針に基づき外資規制がなされることがあるとされます。

なお、アジアでは、従前から、外資規制を回避するため、（内国人に融資を行い、内国法人を設立させた上、当該内国法人を使って投資し、かつ、当該融資の担保として当該内国法人の株式に担保権を設定する等）ノミニーと呼ばれる潜脱的な手法が利用されたことがありますが、年々規制が強まっており、こうした方法は減少する傾向にあります。

（関口）

実務論点7　対象会社の贈収賄リスクを見極めるには、どのような点に注意をしてDDを行えばよいですか。

FCPA/リスクベースアプローチ/注意すべき地域・業界/エージェント・コンサルタント

1　贈収賄リスク

買収した企業が過去に贈収賄に関与していたことが発覚した場合、当局から高額の罰金を科されるおそれがあります。特に米国の海外腐敗行為防止法（FCPA）は、米国企業や米国上場企業に加え、外国企業や外国人であっても、米国内で贈賄行為の一部を行ったり、FCPA違反行為の幇助、教唆、共謀を行ったりした場合は適用されるというのが当局のスタンスです。したがって、米国企業や米国に子会社を有する企業を買収しようとする場合はもちろん、何らかの形で米国とつながり（nexus）を有する企業を買収しようとする場合にはFCPA違反のリスクに十分注意を払う必要があります。過去、日本企業やその子会社が捜査対象とされた例も少なくありません。

FCPA以外にも、英国Bribery Act（UKBA）や、日本の外国公務員贈賄罪（不正競争防止法18条1項）にも注意が必要です。後者は、規制対象行為が日本国外で行われた場合であっても行為者が日本国民である場合には適用があるとされています（同法21条8項）。対象会社の贈収賄リスクは、海外M&Aでよく問題になるポイントです。

2　リスクベースアプローチ

もっとも、限られた時間・リソースのもとで常に徹底的な贈収賄DDを実施することは現実には困難な場合が多いでしょう。そこで、対象会社の事業地域や業界等に照らして、どのくらい贈収賄リスクがあるのかを判定し、そのリスクの軽重に応じて対応を決めるというアプローチ、すなわち、リスクベースアプローチを取るのが有効です。

(1) 事業地域

まず、事業地域について一般的にアジア、中東、アフリカ、南米等は贈収賄リスクが高いといわれています（経済産業省「外国公務員贈賄防止指針」8頁）。具体的な国ごとのリスクについては、世界銀行の公表する世界ガバナンス指数（WGI）や、トランスペアレンシーインターナショナルの公表する腐敗認識指数（CPI）などが参考になります。また、FCPAを擁する米国のように贈収賄の取り締まりが厳しい国も、それはそれでリスクが高いといえます。

(2) 事業内容

次に、事業内容については、政府との距離が近い業界ほどリスクが高まります。第一に、事業自体に政府の許認可が必要な業種です。例えば金融、インフラ、エネルギー、製薬などが挙げられます。

また、事業自体に許認可が不要でも、化学工場や食品工場など工場の設立等に許認可が必要な場合もあります。公共事業や政府調達など、政府自体を顧客とする業界も潜在的に賄賂の危険があります。建設業のほか、発電所、空港、港湾の建設プロジェクトに関与するような企業にも注意が必要です。

3 DDのチェックポイント

こうして、初期的なリスク分析を行った後は、そのリスクの軽重に応じて、具体的なDDを進めていくことになります。贈収賄の事実を通常のDDで掴むのは容易ではないのですが、確認すべきポイントとして、例えば以下のものが挙げられます。

項目	主な調査内容
許認可の取得・更新状況	取得している許認可の内容 許認可の取得・更新状況に不自然な点がないか
取引先・商流	顧客・取引先に政府関係機関・政府関係者がないか 不可解なエージェント・コンサルタントとの取引がないか

過去の支出	目的が不透明な支出がないか 公務員に対する贈答・接待がないか
過去の摘発・捜査	過去または現在、贈収賄に関する当局の摘発や捜査を受けていないか、将来受けるおそれはないか
通報の有無	内部、外部から贈賄に関する通報を受けていないか
贈収賄コンプライアンス体制	贈収賄コンプライアンスポリシーの有無、内容 贈答・接待時の承認プロセス、過去の記録 社員研修の実施状況

2点目の取引先や商流について補足すると、贈賄はコンサルタント等の第三者を通じて行われることが少なくありません。商流によくわからないエージェントやコンサルタントが介在している場合、お金の流れをよくみておく必要があります。「この許認可を得るにはこの人を通す必要がある」というような話が出てきたら要注意です。

また、3点目の過去の支出は、贈賄の端緒を掴むために重要ですが、全件調査するのは難しいため、サンプル調査を行うこともあります。例えば、直近の支出の中から「接待交際費」として記帳されている取引をランダムに抽出し、その使途や支払先を確認していく、といった手法が考えられます。こうした調査は財務DDとの連携が必要になることも多いでしょう。

（井上）

実務論点8　対象会社のカルテルリスクを見極めるには、どのような点に注意してDDを行えばよいですか。

クラスアクション/国際カルテル/カルテルが生じやすい業界/競争法コンプライアンス体制

1　カルテルリスク

カルテルとは、複数の企業が連絡を取り合い、本来、各企業がそれぞれ決めるべき商品の価格や生産数量などを共同で取り決める行為をいいます。カルテルに対する執行は世界中の競争当局で行われており、カルテル行為が摘発された場合、巨額の制裁金・罰金を科されるおそれがあります。これに加えて民事上の責任も負う場合があり、特に、米国では、カルテルが摘発された場合、クラスアクションが提起されるのが一般的で、かつ、その賠償額・和解金も高額となります。

さらに、経済のグローバル化により、カルテルが国を跨いで行われたり、一国内で行われたカルテルの効果がほかの国に波及したりするケースが増えています。こうした国際カルテルは以下のように分類できます（経済産業省「国際カルテル事件における各国競争当局の執行に関する事例調査報告書」9頁）。

国際カルテル類型	概要と代表例
市場分割カルテル	複数国の供給者間でお互いの市場に参入しないことを約束する場合 例：マリンホース、ビタミン、電力ケーブル等
部品カルテル	部品に関するカルテルが別の国で販売される完成品の価格に影響を及ぼす場合 例：ワイヤーハーネス、ベアリング、DRAM、液晶パネル、ブラウン管等
交通サービスカルテル	国境を跨ぐ交通サービスでカルテルが行われる場合 例：航空貨物、海運サービス等
指標カルテル	国際的取引で参照される指標についてカルテルが行われる場合 例：LIBOR等

国際カルテルでは、ある国ですでに制裁金を払っていても、別の国の競争当局による調査の対象となる可能性がなお残るため、摘発の時間差を考慮に入れなければなりません。カルテルリスクは、**実務論点7**で取り上げる贈収賄リスクと並んで、海外M&Aにおいて特に注意が必要なポイントです。

2　カルテルが生じやすい業界

ここで、カルテルが生じやすい業界について確認しておきます。カルテルが発生しやすい市場の条件には様々なものがありますが、ごく簡単にいえば、①カルテルを行うインセンティブが高く、かつ、②カルテルの形成・維持が容易である場合にカルテルが発生しやすいといえるでしょう。カルテルが維持しやすいとは、カルテル参加者間で合意した価格以下で販売する「カルテル破り」を他のカルテル参加者が発見しやすいという意味です。

これを踏まえて、カルテルが生じやすい業界としては、まず、コモディティ化が進んで製品の差別化がしにくい業界が挙げられます。こうした業界では価格競争を避けるためカルテルを行うインセンティブが生じやすく、カルテル破りの発見も容易です。また、市場参加者が少なく新規参入が困難な業界も、競争者間のコミュニケーションが容易なため、カルテルが生じやすくなります。加えて、価格弾力性が低い製品も、値上げによる利益を享受しやすいという意味でカルテルを行うインセンティブが働きます。価格の透明性が高い業界も、カルテル破りを発見しやすいという意味でカルテルがしやすい業界といえます。

3　DDのチェックポイント

対象会社によるカルテルを含む競争法違反のリスクを発見するためにDDで調査すべき項目としては、以下のものが挙げられます。

項目	主な調査内容
契約書	顧客や競合他社との契約に競争法に違反する条項が含まれていないか（排他的取引、競業避止、テリトリー制等）
同業他社とのコミュニケーション・業界団体との関係	同業他社と協調行為をする機会がないか 同業他社とのコミュニケーションは適切に管理されているか
過去の捜査・摘発	過去または現在、競争法違反に関する当局の摘発や捜査を受けていないか、将来受けるおそれはないか
通報の有無	内部、外部から競争法違反の通報を受けていないか

競争法コンプライアンス体制	競争法コンプライアンスポリシーの有無、内容 社員研修の実施状況

最後の競争法コンプライアンス体制について補足すると、競争法はどのような行為が違反となるかを直感的に理解することが難しいという側面があります。競争法違反となる行為は、多くの場合、会社に利益をもたらすものであり、真面目な従業員が「会社のため」と思って違反の認識なく法令違反を犯してしまうことがあり得ます。

そのため、競争法違反を防止するためには、競争法に特化したコンプライアンスポリシーを定めた上で、従業員に対して日ごろから十分なトレーニングを積ませることが大切です。DDにおいても競争法コンプライアンス体制が整備されていることは重要なチェック項目となります。

（井上）

実務論点９　最近、M&AでESGに関するDDを行うことがあると聞きました。具体的にはどのように進めればよいですか。

ESGリスク/ESG DD/法務DDとの違い/ソフトロー/注意すべき地域・業界

1　ESGリスク

最近、M&Aの世界でもESGへの関心が高まってきています。M&AにおけるESGのトレンドには大きく２つの流れがあります。１つはESG関連企業のM&Aの活発化であり、低炭素化社会への移行を見据えた再生可能エネルギー企業の買収などがこの文脈に位置付けられます。

もう１つの流れが、ESGリスクの発見・評価のためのESGデュー・ディリジェンス（ESG DD）の重要性の増大です。ESGリスクには多様なものがあり、例えば、以下のようなリスクが挙げられます。

E（環境）	大気・土壌・水質汚染、排ガス規制、CO2 排出規制など
S（社会）	労働者の安全衛生、賃金平等、ダイバーシティ、ハラスメント、データ・セキュリティ、顧客プライバシー保護、製造物責任、サプライチェーンにおける奴隷労働、人身売買、児童労働
G(ガバナンス)	コーポレート・ガバナンス、会計不正、カルテル、贈収賄 ※事業の継続性、災害対応等も含める場合も

企業のESGに対する配慮への社会的要請を背景として、ESGリスクが顕在化した場合に企業が被る損害はますます大きくなっています。このような損害としては、例えば、①当該事由が法令違反に該当する場合の規制当局による罰金・制裁金、②当該事由が公表されることによる信用・評判の低下、③アクティビスト対応コスト、④ESG投資家からの投資を受けにくくなることなどが挙げられます。

2　ESG DDと通常の法務DDの違い

ESG DDでは上記の論点について、資料開示やQ&Aを通じてリスクの特定・評価を行います。もっとも、ESG DDで調査すべき論点の多くは必ずしも目新しいものではなく、通常の法務DDでカバーされている論点も多く含みます。ただし、法務DDとの違いとして、ESG DDの範囲は、単に法令に違反していないかという点だけでなく、法令違反の防止・リスク低減のための体制やポリシーの有無・内容にまで及ぶことが挙げられます。

また、ESGについては、法令（ハードロー）ではなく法的拘束力のないガイドライン・指針等のソフトローで規律されている場合も多いため、そうしたソフトローへの適合状況も確認する必要があります。加えて、対象企業だけでなく対象企業のサプライチェーンも調査対象とされることが多いのもESG DDの特色として挙げられます。

なお、最近の傾向として、特に欧州および旧英国領国におけるESG規制のハードロー化が挙げられます（例：EU・企業サステナビリティDD指令、ドイツ・サプライチェーン法、フランス・企業注意義務法等）。

法務DD	ESG DD
法令違反の有無の確認が中心	法令違反の防止・リスク低減のための体制やポリシーの有無・内容にまで及ぶ
制定法違反の有無の確認が中心	ソフトローへの適合状況も確認
対象会社の調査が中心	サプライチェーンも調査対象とされる

3　ESG DDで気を付けるべき業界・地域

ESG DDで着目すべき論点・確認すべき資料については、対象企業の属する業界や地域に応じたケースバイケースの判断が必要となりますが、典型的に注意すべき業界・地域として以下のものが挙げられます。

業界	農業、アパレル	児童労働、奴隷労働
	薬品、化学製品	大気・土壌・水質汚染
	自動車関連	排ガス規制、CO2 排出規制
地域	ミャンマー、新疆ウイグル自治区	人権侵害
	コンゴ民主共和国と周辺国	紛争鉱物
	腐敗認識指数が低い国	贈収賄
	制裁対象国	OFAC規制、輸出管理規制

4　契約・PMIにおける対応

ESG DDで特に難しいのは、リスクの特定および評価です。前述のとおり、ESG DDでは単に法令に違反しているかどうかだけでなく、法令違反を防ぐための社内体制やソフトローへの対応状況も調査することとなるため、どのような場合に「リスクあり」といえるのか明確な基準が存在しないことが往々にしてあります。また、仮にリスクが特定されたとしても、それを定量的・客観的に評価して買収価格に織り込むことが困難な場合も少なくありません。

ESG DDの結果、リスクが検出されたものの、ディールキラーとまではならない場合、契約書において適切に手当てすることになります。基本的には表明保証等で対応することになりますが、通常の法令遵守に関する表明保証の条項に比べ、保証の範囲を広くするなどの工夫が必要となります。また、表明保証違反があった場合の補償についても、上述のリスクが顕在化した場合の損害のうち、どの範囲までが補償対象となるか慎重に検討する必要があります。

加えて、ESGリスクは継続的なモニタリングが必要である場合が多く、買収実行後のPMIにおける対応も必要となります。PMIにおける対応については実務論点38、39もご参照ください。

（井上）

実務論点10　海外法律事務所から長大な英文DDレポートを受領しましたが、読み解くのに苦労しています。どのようなポイントに注目して読めば効果的ですか。

ディールキラー/デットライクアイテム（Debt-like item）/特別補償（Special/specific indemnification）/カーブアウト/PMI

1　DDの目的

海外のアドバイザー（法務、財務、税務等）が作成してくる各種のDDレポートは、英語でかつ100頁を超えるものも少なくありません。タイトなディール期間中にそれらを効果的に確認するのは容易でないように感じられるかもしれません。

しかし、DDの本質を念頭におきながら確認すれば、英文DDレポートを効果的に確認することが可能です。

DDで最も重要なのは、以下の事項を発見することです。

ア　ディールキラー（ディールブレーカー）

イ　デットライクアイテム（Debt-like item）

ディールキラーは、検討しているM&A取引を取り止めなくてはならないほど、致命的な問題を意味します。デットライクアイテムは、買収価格の減額要因を意味します。

したがって、DDレポートを確認する際は、この2つの事項が記載されていないかチェックし、かつ、記載されている場合にはこれをリストアップしていくというのが効率的です。もっとも、ディールキラーは滅多にありませんので、通常は、デットライクアイテムを列挙した上、当該アイテムを材料に、売主と交渉し、買収価格を減額させていくという交渉を行うことが主になります。

2　特別補償

デットライクアイテムの中には、発生するかわからないまたは発生したとしていくらになるかわからないものがあります。例えば、未払い残業代です。未払い残業代は、国によっては、一定期間経過後に消滅しますので、何のクレームもないままその期間が経過してしまえば当該リスクは消滅してしまいます。また、従業員から未払い残業代を請求されたとしても具体的にいくらなのかSPAの交渉時にはよくわかりません。

このようなときに、足元のSPAでは減額しないが、もし問題が起こったら実際に生じたキャッシュアウト分を全額（英語だと、dollar to dollarといいます）補償すると約束することで、問題を先送りすることがあります。このようなやり方は、特別補償（Special/specific indemnification）と呼ばれます。

3　問題の治癒

当該問題の治癒を前提条件とする方法もあります。例えば、不動産登記が未了の物件があるのであれば、クロージングまでに登記を完了してもらうことができます。

また、カーブアウトによる治癒も考えられます。問題を売主対象から切り離して、リスクを遮断する方法です。例えば、対象会社の子会社のうち1社が巨額の税務訴訟を抱えているというケースであれば、買収前に、当該子会社を（株式譲渡等で）対象会社グループから切り離します。

4 PMI

DD指摘事項の中には、法的リスクがあるものの、キャッシュアウトのリスクがあるとまではいえず、デットライクアイテム、特別補償等での処理まではせず、買収後のPMIで処理するという事項もあります。例えば、社内規程が未整備という問題であれば、買収価格には直ちに影響しないため、SPAでは特に手当せず、買収後のPMIフェーズで制定するようにするというものです。

こうしたPMIフェーズでの対応は、上記したディールキラー、デットライクアイテムよりは重要度は下がりますが、できれば、DDレポートを確認する際に、注意しておきたいところです。

（関口）

第4　バリュエーション

実務論点11　DDを踏まえ、バリュエーションを行う必要がありますが、どのような方法で算定を行うのが一般的ですか。

事業価値/DCF法/マルチプル法/純有利子負債/プレミアム

1　事業価値

実務論点3のとおり、買収価格は、事業価値から、純有利子負債を控除して、計算されます。このため、買収価格の出発点となるのは、事業価値の算定です。事業価値は、DCF法やマルチプル法で算定されます。特にマジョリティベースの買収では、DCF法が主の手法であり、マルチプル法はこれを補完する役割を果たすことが通常です。

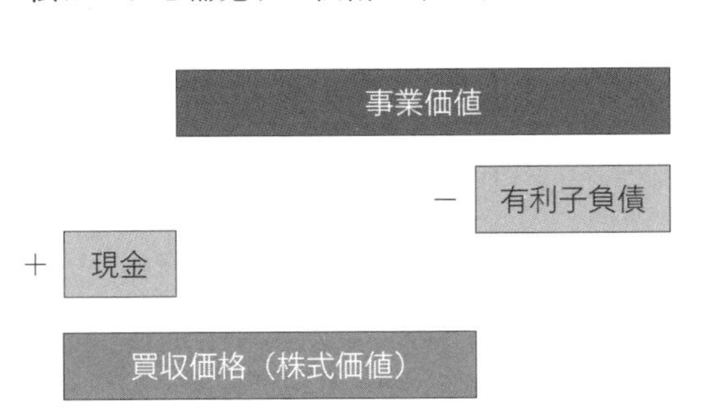

(1)　DCF法

DCF法では、対象会社のキャッシュフローに基づいて事業価値が算定されます。簡潔にいうと、DCF法においては、将来の事業計画を3～5年度程度用意し、最終年度以降は最終年度の収益が永続することを仮定し、こうした事業計画上の将来のキャッシュフローを現在価値に割り引いて、その総和を計算します。

ここでいう割引現在価値とは、将来得られる金銭の現時点での価値をいいます。例えば、金利を1%と仮定すると、1年後得られる101万円の割引現在価値は、100万円となります。現時点で100万円を所持し、利子1%で運用すると1年後には101万円になることを逆算するイメージです。

(2)　マルティプル法

マルティプル法では、いくつか手法がありますが、実務では、EBITDAマルティプルがよく用いられます。細かな調整を捨象して簡略的にいうと、EBITDAマルティプルでは、対象会社と類似する上場会社（複数社）を選定し、当該上場会社の株式価値（市場価格×総株式数）が当該会社のEBTDAの何倍かを計算し、倍率（マルティプル）を算出します。

こうして算出した倍率を対象会社のEBITDAに乗じることにより、対象会社の事業価値を算定します。

2　純有利子負債

こうして算定された事業価値から純有利子負債を控除した上、プレミアムを加えた金額が買収価格になります。

純有利子負債は、有利子負債から現金を控除した金額になります。有利子負債は、借入金、社債、リース債務等が該当し、現金は、預金等が該当します。

これに加え、有利子負債そのものではないが、債権者等株主以外の第三者に帰属するべき価値という意味で、有利子負債（Debt）類似の項目であるとして、デットライクアイテムが勘案されます。また、現金そのものではないが、株主に帰属する価値という意味で、現金（Cash）類似の項目であるとして、キャッシュライクアイテム（Cash-like item）も勘案されます。デットライクアイテムも、キャッシュライクアイテムも、「類似」という点で、外延が明確ではないため、当事者間での交渉事項になります。

デットライクアイテムの例としては、未払い残業代、税務当局からの課税処分額等があります。キャッシュライクアイテムの例としては、事業を運営する上で売却することに制約のない投資有価証券等があります。

実務論点 10 で述べたとおり、買主としては、DDで、デットライクアイテムを発見した場合、買収価格の減額を交渉しますが、当該交渉の背景には、こうしたバリュエーションの理論構造があるわけです。

3 プレミアムと高値掴み

上記のとおり、対象会社の買収価格を算定するにあたっては、まず、事業価値と純有利子負債から算定したスタンドアローン（単独）での対象会社の価値を求めます。その上で、買収後のシナジー効果（買収会社と対象会社の間接部門の統合によるコスト削減効果等）等の買収効果により生み出される価値をプレミアムとして加算します。

日本企業が海外企業を買収する際に、入札によって売主から交渉上の圧力を受けることもあり、買収効果を高く見積って高額のプレミアムを加算してしまうことがあります。しかし、買収後見込んでいたシナジー効果等が実現しないことになれば、こうしたプレミアムが不適切だったことになり、結果的に、対象会社を高値掴みしてしまったことになります。

したがって、プレミアムの算定にあたっては、買収後にこうしたプレミアムを超える買収効果を実現できるかを慎重に検討しておく（入札で煽られないように根拠をもって値付けする）必要があります。

（関口）

実務論点12　DDにおいてリスクをすべて洗い出すことは難しいと思いますが、そうした洗い出せなかったリスクにはどのように対応するのですか。

表明保証/確認DD（Confirmatory DD）

1　表明保証

DDによる未発見リスクは、表明保証によって対応します。表明保証には、主に、情報開示機能およびリスク配分機能があるとされます。

情報開示機能は、売主に対し、後に表明保証違反に問われないよう自らが保有する情報を買主にできるだけ提供しようというインセンティブを与える機能を指します。これにより、売主から必要な情報が開示されないリスクを減じることができます。

また、リスク配分機能は、買収後に表明保証違反が生じた場合、つまりDDで発見できなかったリスクが顕在化した場合、売主に対象会社を含む買主側に生じた損害を補償させる機能を有します。これにより、買収後に問題が発覚した場合、買主は売主から経済的な補償を受けることができます。

2　確認DD

SPAを締結する前になされるDDとは別に、①SPA締結後からクロージングまでの間、または②クロージング後に、当初のDDで確認できなかった事項を確認するため、確認DD（Confirmatory DD）がなされることがあります。

(1)　SPA締結後からクロージングまでの間

売主が、買主が情報を入手するために実行する気のない買収話を持ち掛けてきているのではないか等と懸念し、重要取引先に係る契約書等をSPAの締結まで開示しないと主張することがあり、その際に、SPA締結後からクロージングまでの間に、追加開示を受けることがあります。こうしたケースが上記①の意味での確認DDです。

当該確認DDにより重大な問題が発見された場合、買主は、SPA上の前提条件の不成就等を主張して自身の保護を図ります。

⑵ クロージング後

クロージング後、対象会社が支配下に入った段階で行う確認DDもあります。対象会社が買主の支配下に入った後のタイミングでのDDは時間的余裕もあり、かつ、深度も深く行えます。また、これにより、表明保証の補償期限までに表明保証違反を発見し、追及することが可能になります。

中国の買主は、こうしたクロージング後の確認DDを行い、表明保証違反の有無を精査するという印象があります。これに比べて、日本の買主は、このような確認DDを行わない傾向がありますが、こうした中国の買主から見習うべき点があると思います。

なお、リクシルがグローエグループ（ドイツ）を買収したリクシル・グローエケース（2014年）では、リクシルによるクロージング後の確認DDが行われています。

また、競争法のガンジャンピング規制のためにクロージングまでにやり取りできなかった競争上の機微情報を含む事項（重要取引先との契約等）について、改めて、DDを行うということもあり得ます。

前記⑴の意味の確認DDも、本⑵の意味の確認DDも、リスクベースアプローチを採用し、リスクが高いと思われる分野に集中して行うのが効果的です。

また、これらの確認DDを行わないとしても、M&Aのエグゼキューションチームと PMIチーム間での情報連携を密に行うことで、買収後のPMIフェーズで発覚した問題について、表明保証違反に基づく補償責任追及を含め、適切な対応を取れるよう体制を整えておくことが重要です。

3 表明保証違反に基づく補償請求権の引当て

上記のような確認DDを行うなどして、表明保証違反が発見された場合、買主は、売主に対し、買主（クロージング後においては対象会社を含みます）が被った損害の補償を請求できます。

しかし、たとえ買主が売主への補償請求権を取得したとしても、売主に資力がなかったり、スムーズに補償に応じなかったりした場合には、実際の回収ができない、または遅延することになってしまいます。こうした場合に備えた対応策は、**実務論点 18** を参照してください。

（関口）

第5　ストラクチャー

実務論点13　フィリピンでの買収を検討していますが、DDの結果、対象会社が長年印紙税を脱税していたことに起因する多額の税務リスクが判明しました。もともとは株式譲渡方式での買収を考えていましたが、ストラクチャーを変えた方がよいですか。

シェアディール（Share deal）/アセットディール（Asset deal）/ステップアップ（Tax step-up）

1　代表的なストラクチャー

M&A取引の代表的なストラクチャーとして、シェアディール（Share deal）とアセットディール（Asset deal）が存在します。シェアディールのシェアは株式（Share）を、シェアディールは株式譲渡取引を意味します。一方、アセットディールのアセットは資産（Asset）を、アセットディールは資産譲渡または事業譲渡取引を指します。

大まかにいうと、シェアディールは対象会社を丸ごと買収するという特徴があり、アセットディールは対象会社の保有資産、契約、従業員等から承継対象を取捨選択して、その部分だけを買収するという特徴があります。

各ディールの一般的な特徴（国や業種等によって例外もあります）は以下のとおりです。

シェアディール	アセットディール
(Pros) 手続が簡易 ・譲渡対象の取捨選択が不要 ・許認可の承継に当局承認が不要 ・譲渡対象の各資産のオーナー、契	(Pros) 予想外の潜在債務、簿外債務を遮断できる

約の相手方、従業員等から個別同意が不要	
(Cons) 予想外の潜在債務、簿外債務を承継するリスク	(Cons) 手続が複雑 ・譲渡対象の取捨選択が必要（煩雑） ・許認可の承継に当局承認が必要 ・譲渡対象の各資産のオーナー、契約の相手方、従業員等から個別同意が必要

2　ステップアップ

クロスボーダー案件では、シェアディールとアセットディールのいずれかを選択するかを検討するにあたり、上記の考慮要素のほか、税務面での考慮が重要になります。

一般的に、アセットディールであれば、買収した資産の税務上の簿価を時価（譲渡価格）までステップアップ（Tax step-up）（上昇させること）を行い得ます。その上で、ステップアップしたうちの一部を営業権ないしのれんとして認識できれば、当該営業権・のれんを一定期間償却し、当該償却分を税務上損金として算入するという税務メリットを得ることが可能になります。

一方で、シェアディールではそのようなステップアップは認められません（米国のような例外もあります）。もっとも、シェアディールにおいては、アセットディールではできない、繰越欠損金や含み損の引継ぎが可能になることがあります。

3　選択の視点

ご質問のケースでは、貴社が買主です。買主としては、必要な資産等だけ承継し、不要な資産や（税務リスクを含む）潜在債務等を対象会社に残していきたいニーズがあります。一方で、アセットディールでは、承継対象の選択に手間がかかる上、取引先、従業員、許認可等の承継について、個別同意や承認が要求されることが多く、煩雑になります。

このため、いずれのストラクチャーを用いるかは、ケースバイケースで判断することになります。アセットディールとシェアディールの選択について、どのように判断するかについてイメージしていただくには、JT・マイティケース（2017年）が参考になります。JTは、フィリピンのたばこメーカーであるマイティの買収を検討していましたが、マイティは税務当局との間で印紙税等に関し数百億円規模という巨額の税務紛争を抱えていました。このため、JTは、アセットディールを選択し、必要な資産、契約、従業員等を選択して承継することで、税務紛争に基づくキャッシュアウトという潜在債務リスクを遮断する選択をしました。アセットディールの特徴を上手に使った取引だったといえます。

ただし、フィリピンの実務を踏まえると、フィリピン税務当局としては、アセットディールにより、マイティの優良資産が社外に流出してしまい、租税債権を回収できなくなることを懸念したはずで、場合によっては、Tax lienと呼ばれる税務当局の先取特権等を行使して、マイティによるJTへの事業譲渡に干渉する可能性もあったと考えられます。したがって、JTは、アセットディールを選択するに際し、フィリピンの税務当局とも事前に調整したのではないかと推測されます。

4　二段階買収

明確なリスクが認識されている本件では選択肢となりにくいですが、一部の株式を取得した上、一定期間対象会社の内情をよく把握した後で、残りの全株式を取得して買収する方法もあります。

この場合、残りの株式について、買主にコールオプション（売主にプットオプション）を付与した上、取得価格の算定方式をあらかじめ合意しておくこともあります。例えば、EBITDAマルティプルを前提とし、マルティプル（倍率）を合意しておく方法です。

なお、インドでは、インド居住者との取引において、価格制限メカニズムがありますので、会社が急成長して当初合意したマルティプルが割安になってしまった場合、そうした計算が許容されないことがあるので、注意が必要です。

（関口）

第6　SPA

実務論点14　株式譲渡契約（SPA）のドラフトが提出されてきました。SPAの基本的な構成とチェックポイントを教えてください。SPAの構成には、地域差がありますか。

表明保証/誓約事項/前提条件/MAC（Material Adverse Change）/クロージング/補償/ボイラープレート

1　SPAの基本的な構成

SPAの基本的な構成は、以下のとおりです。当該構成をイメージしておくと、大局的な視点で、効果的なレビューを行うことが可能になります。

表明保証	当事者（売主、買主）が自らについての（売主の場合は対象会社についても）一定の事項が一定の時点において真実かつ正確であることを表明し、それが誤っていた場合に、他方当事者に補償するというものです。 これにより、買主は対象会社に関し重要な事項に問題がないことを前提に買収価格を提示することができます。 買収価格への影響を考えると、対象会社の状況が特に重要になるため、多数の項目が（対象会社のこれこれの事項に問題がないという形で）リストアップされます。
誓約事項	当事者（売主、買主）がクロージング前または後になすべきことを約束するものです。 例えば、①クロージング前に買主が競争法届出を行うこと、②クロージング後に売主が一定期間、一定地域で対象会社と同種の事業を行わないこと（競業避止義務）等があります。 また、売主がサイニング後クロージングまでの間（Interim periodと呼ばれます）対象会社に行わせてはならない事項がリストアップされて定められます。

前提条件	クロージングの前提となる条件です。当該条件がすべて成就しないとクロージングできないことになります。①表明保証・誓約事項に重大な違反がないこと、②競争法届出をしている場合に当局からクリアランス（問題ない旨の決定）が出されていること等の条件が挙げられます。 また、前提条件として、MAC（Material Adverse Change）を定めるかについてもしばしば議論になります。MACはSPAのサイニングからクロージングまでの間に対象会社の事業等に重大な悪影響を及ぼすような事象が生じた場合に、前提条件を不成就とすることで買主を保護する機能を有します。
クロージング	株式譲渡の決済のことです。売主が株式を譲渡し、一方で、買主が買収価格を支払います。
補償	表明保証、誓約事項等について違反があった場合に、違反当事者が他方当事者に補償するというものです。 補償については、補償の上限、下限、時限等が詳細に設定されることが通常です。
ボイラープレート	どのSPAにも同様の記載があるテンプレートのような条項で、雑則という章で規定されるのが一般的です。秘密保持、公表、通知、準拠法、紛争解決方法等が挙げられます。 当該条項の中では、紛争解決条項（どこの裁判所、仲裁機関で紛争を解決するかという条項）が特に重要だと思われます。 また、上場会社の場合、東証開示や臨時報告書の開示が必要になりますので、そうした開示が支障なく行えるよう、SPA上の文言を工夫するようにしてください。なお、特定子会社の異動という臨時報告書提出事由がありますが、原則として、異動が生じたとき（SPAのクロージング日）ではなく、異動に係る決議をしたとき（SPAのサイニングを取締役会で決議した日）に提出すると解するのが一般的です。適切なタイミングで開示できるよう注意してください。

2　地域差

海外M&Aでは、SPAの型として、米国型、欧州型があります。米国型、欧米型の典型的な特徴は次頁のとおりです。

(1)　米国型

ア　クロージング調整方式（**実務論点20**参照）

イ　表明保証の時点はサイニング日とクロージング日

ウ　表明保証の開示免責はディスクロージャースケジュール（**実務論点42**参照）で特定した事項のみが対象

エ　MAC条項有り

(2)　欧州型

ア　ロックドボックス方式（**実務論点20**参照）

イ　表明保証の時点はサイニング日のみ

ウ　表明保証の開示免責はバーチャルデータルームで開示した事項も対象

エ　MAC条項無し

もっとも、実際には各案件で様々なアレンジがありえます。最近当職が扱った英国案件（2022年）でも、米国型のSPAが用いられました。

また、欧米以外の国については、法制の違いを前提とした特殊性を織り込みつつも、米国型、欧州型のうち、いずれかに類似した構成になっていることが通常だと思われます。

（関口）

実務論点15　SPAが英語なので、全関与部署から十分なコメントをもらうことができず、いつも現地弁護士の勧めるコメントをそのまま受け入れる形で進んでしまいます。契約作成プロセスをもっと効果的にすることはできないですか。

リードカウンセル/ローカルカウンセル/統括管理（ディールマネジメント）

1 リードカウンセル

欧米では、自国外の法律事務所（ローカルカウンセル）をリテインする場合、直接外国事務所をコントロールするのではなく、自国の法律事務所（リードカウンセル）をリテインすることがよくあります。

英国の企業がオーストラリアの弁護士をリテインする際も、同じ英語を話す英国の弁護士をリードカウンセルとして関与させる例があることから、言語の問題から生じる仕組みではありません。

リーガルチームは、日常業務を抱えており、そこにM&A案件対応が加わると、過剰業務になってしまいがちです。また、M&Aは日常業務とは異なる専門性が要求されます。

そこで、こうした非日常的な業務について、同じ法的感覚を共有しており、かつ、M&Aにも長けている自国の弁護士に補完させるのです。当職は、こうしたリードカウンセルによるローカルカウンセルの管理業務を「統括管理（ディールマネジメント）」と呼んでいます。

2 統括管理

統括管理では、ローカルカウンセルにいかに効率的に働いてもらうかが重要になります。

そこで、DDについては、メリハリのついた調査が可能になるよう、あらかじめ依頼者から案件の目的、対象会社の業界情報等を聞き取った上、ローカルカウンセルに重点調査ポイントを明確に指示します。

SPAについては、売主から出されたドラフトを依頼者に日本語で説明した上、依頼者からのフィードバックを取得し、これをSPAに反映した上、ローカルカウンセルにレビューを依頼し、現地の実務に合わせて調整してもらうといった作業をします。これにより、ローカルカウンセルが日本サイドの要望をとらえられずに、現地の実務で一般的に望ましいというマークアップをされてしまうことを防止できます。

上記は、一例にすぎませんが、リードカウンセルは、ローカルカウンセルとの潤滑油になることで、ローカルカウンセルが無駄な作業をせず、効果的に成果物を出せるよう支援するため、様々な工夫を凝らします。これにより、リードカウンセル分の弁護士報酬を上回るコストパフォーマンスを生み出すことが可能になります。

また、リードカウンセルを通じて、ローカルカウンセルの報酬のコントロールを行うことも可能です。例えば、ローカルカウンセルに週次で報酬額と明細（誰が何に何時間使った）を報告させ、想定と異なる作業をしていないか、見積もりと大きく異なるペースで報酬が加算されていないかチェックすることもできます。依頼者自らそうしたコントロールを行っても構いませんが、依頼者自身はより重要なビジネス判断に集中した方がよく、かつ、リードカウンセルという第三者を間に挟むことで報酬について話がしやすくなると思われます。

（関口）

実務論点16　当社では、表明保証条項の交渉に多大な時間を取られてしまい、困っていますが、どうすればよいですか。また、表明保証違反による補償請求について、補償額の上限、下限、期間等を制限する規定が置かれていますが、相場観があれば教えてください。

ローヤーズイシュー/コマーシャルイシュー/相場観/交渉戦略

1　表明保証条項

表明保証条項で交渉ポイントになることが多いのは、①表明保証の範囲および②表明保証違反があった場合の補償方法です。

(1)　表明保証の範囲

表明保証は、国によっても違いはありますが、概ね以下のような内容が対象になります。こうした項目について、どの範囲で、どの程度の水準で折り合うかが議論になります。交渉方法としては、表明保証対象となる事実を拡大または縮減したり、「知る限り」、「知り得る限り」、「重大な」、「重要な」等、限定（Qualifierと呼ばれます）を付す等があります。

分　野	概　要
会社・組織	①適切に設立され存続していること、②倒産手続が存在しないこと、③グループ会社の内容（資本関係等）
株式	④株式の内容（資本構成、担保設定・潜在株式の有無等）
計算書類等	⑤計算書類等の正確性、⑥後発事象が存在しないこと
資産（不動産､動産等）	⑦必要な資産（動産、不動産等）を問題なく保有していること
知的財産権	⑧必要な知的財産権等を問題なく保有していること
負債	⑨偶発・簿外債務が存在しないこと
許認可	⑩必要な許認可を問題なく保持していること、⑪当局の命令等に違反していないこと
法令等の遵守	⑫法令等を遵守していること
重要な契約	⑬重要契約に問題が発生していないこと
労務	⑭労務問題が存在しないこと、⑮年金、社会保険料等の不払いが存在しないこと
保険	⑯付保すべき保険に加入していること
税務	⑰公租公課リスク（申告漏れ、追徴課税等）が存在しないこと
訴訟・紛争	⑱訴訟・紛争が生じていないこと
環境	⑲環境問題が生じていないこと
関連当事者間取引	⑳（開示した以外に）関連当事者間取引がないこと、㉑売主のアドバイザーフィーを負担していないこと
その他	㉒公正な情報開示を行ったこと

⑵　表明保証違反があった場合の補償方法

表明保証違反があった場合の補償請求については、補償対象となる金額および期間について一定の限定が設けられることが多いです。金額の制限としては、①補償上限額、②デミニミス（個別請求の下限)、③損害の累計額の下限があります。

①補償上限額は、売主が補償に応じる上限額（Cap）を意味します。

②デミニミスは、個別の（1件あたりの）表明保証違反による損害が一定額を超えなければ補償請求の対象にならないことを意味します。

③損害の累計額の下限は、デミニミスを超えた表明保証違反による損害の合計が一定額を超えなければ補償請求の対象にならないことを意味します。当該下限には、2種類あります。1つが、ディダクタブル（deductible）です。もう1つが、ティッピング（tipping）です。ディダクタブルは、デミニマスの要件を充足した個別請求を合計して、基準額に達した場合、当該基準額を超える金額のみを請求できるというものです。つまり、基準額を超えても、基準額以下の金額は請求できません。他方で、ティッピングであれば、基準額を超えると、基準額以下の金額も含め、全額請求できます。

次頁に、ディダクタブルを前提とした例を示しました。当該例では、①はデミニミスの基準額（100万円）を満たしませんので、個別請求として認められません（足切りされます）。デミニミスの要件を満たした②、③、④を合計すると1,220万円となり、損害の累計額の下限を超えますが、ディダクタブルのため、下限の基準額（1,000万円）以下の金額は請求できません。つまり、1,220万円のうちの220万円だけ請求できることになります。なお、この説例がティッピングだった場合には、1,220万円全額を請求することができます。

2　ローヤーズイシュー

対象会社の所在地国で、マーケット水準が形成されているのが通常であるため、SPA交渉においては、そうした水準についての現地の弁護士の意見を踏まえて意思決定していくことになります。経験上、マーケット水準と異なる交渉をしても、相手方を戸惑わせるだけで、不効率だと思われます。

(1)　補償額の制限

デミニミスは買収価格の0.1%、損害の累計額の下限は買収価格の0.5~1%という水準が、（日本を含めた）グローバルでの1つの目安です。

また、米国では、損害の累計額の下限は、ディダクタブルとされるこ

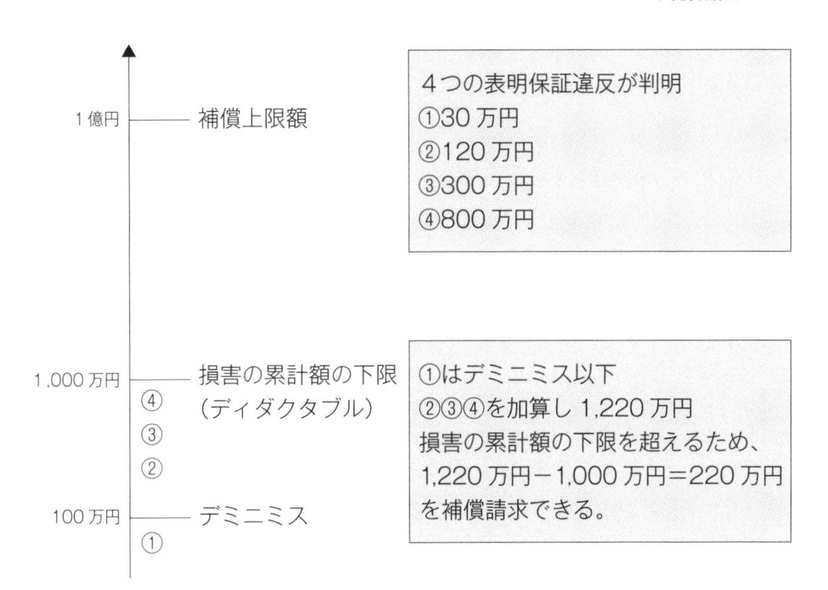

とが多いですが、英国ではティッピングとされることが多いです。なお、米国では、伝統的にデミニミスが規定されない傾向があったため、今でもSPAにデミニミスが規定されないことがあります。

補償額の上限には国や地域によって傾向に相違があります。例えば、米国では、ケースバイケースですが、補償上限額は買収価格の10%程度が1つの目安となります。

(2) 補償期間

補償期間については、表明保証違反が監査法人の監査（audit）によって発見されることが多いことを踏まえ、対象会社の決算期が少なくとも1回入る期間を確保するような形で設定されることが多いです。このため、多くの法域で、クロージング後12か月を目線として、6か月から24か月程度のレンジで交渉することが多いと思われます。

(3) 例外

基本的表明保証（Fundamental representations and warranties）（株式の保有、契約の締結権限等）、税務に係る表明保証等、特に重要な表明保証については、補償額の制限や補償期限について、一般的な表明保証とは異なる扱いがなされることがあります。

このうち、基本的表明保証は、「売主が対象会社の株式を保有している」等という根本的に重要な表明保証であるため、補償上限を買収価格の100%（または無制限）、補償期限を無期限とするというようなアレンジがなされることもあります。

例えば、仮に売主が無権利者であった場合に、補償上限が20%だったとすると、株式の代金として買収価格全額を支払ったにもかかわらず、売主が株式を保有していなかったことが発覚した場合に、表明保証違反として買収価格の20%しか補償請求できないというのは不当な結論であり、少なくとも補償上限は買収価格の100%としなければならないというのは腑に落ちる整理だと思います。

また、売主に詐欺的行為（fraud）があるような場合にも、補償に係る制限が適用されないとされることがあります。

3　コマーシャルイシュー

現地弁護士（ローカルカウンセル）は、対象会社の所属する業界について詳細に理解しているわけではないため、SPA交渉において、一般的にはこうしたカウンターコメントが望ましいという助言をすることが多い印象です。このため、当事者（買主または売主）としては、対象会社のどのような点をリスクと考えているのかを弁護士に共有することで、弁護士は、案件をよりよく理解し、テーラーメイドでの交渉をすることができます。

買主として、弁護士に共有すべきポイントとしては、以下のような事項があるかと思われます。

ア　表明保証のメリハリ（ビジネス目線では、この条項は重要だが、この条項は重要ではない等）

イ　売主に負わせる競業避止義務の範囲（製品・サービス、期間、地域等）

ウ　買収後に売主から引き続き協力を求める事項の内容（ライセンスの継続、システム統合までの売主グループのシステムの利用等）

エ　キーパーソンの処遇

オ　リスクはあるが、買収にあたって妥協可能なこと（実際にあった指示として、買収後は同じ製品を作り続け、第三者への再度の売却は想定していないので、工場敷地の環境リスクはある程度覚悟する等）

このように、現地の弁護士に任せきりにせず、自社で弁護士をサポートできるかが、SPAのでき上がりに大きく影響します。したがって、当事者としては、細かい文言テクニックやその国での相場感は弁護士にある程度まかせつつ、より事業に即した情報を整理して、弁護士にその案件特有の事情を考慮してもらい、交渉のメリハリを付けさせることを目指すべきです。

4　交渉戦略

交渉とは、主張と譲歩を繰り返し合意に至るまでの過程です。交渉においては、いくつかの戦略が考えられます。

まず、時間稼ぎです。相手方が急いでいるときに、時間を稼ぎ、相手方が妥協せざるを得ないタイミングを待ちます。昔、日本が、海外との交渉においてよく用いた手法です。

次に、ハイボールを投げた上、間で手を打つという手法です。ただ、これらは原始的な手法であり、相手方の不信を買いかねませんので、使いどころが限定されます。

そこで、次のような手法を意識して交渉するとよいと思います。第一に、相手方の主張の理由を聞き取った上、自身により負担が少ない別の解決策を提示する手法です。第二に、交渉事項を優先順位順にリストアップし、優先順位の低いもの（できれば相手方にとっては優先順位が高いもの）を妥協する代わりに、優先順位の高いものを認めさせる手法です（パッケージでの交渉）。

特に、第二の手法との関係では、上記に述べた依頼者と弁護士のコミュニケーションが特に重要です。弁護士が各イシューに対する依頼者のビジネス上の優先順位を明確に理解していれば、こうした交渉手法を効果的に実行できるからです。この意味では、交渉は、事前準備でほぼ決まるといえ、いわゆる「出たとこ勝負」のような対応をしないようにすることをお勧めします。

（関口）

実務論点 17 DDで把握したリスクについて、売主の表明保証違反を問うにはSPAにどのような規定を置けばよいですか。

アンチサンドバッギング（Anti-sandbagging）/プロサンドバッギング（Pro-sandbagging）/特別補償

1 アンチサンドバッギング

買主は、売主に表明保証してもらった事項が正しいことを前提に、算定した買収価格で対象会社を買収します。すなわち、買主は、表明保証違反の事実を知っていればその価格での買収はしなかったということになるので、買収後に表明保証違反が発覚した場合には、当該違反によって生じた損害を売主に補償してもらうことになります。

このような論理構造からすると、買主は、買主が既知の事実については、その事実を前提に買収価格を決定したのであるから、当該事項について、表明保証違反を理由として補償を請求することができないという整理があり得ます。こうした考え方は、アンチサンドバッギング（Anti-sandbagging）と呼ばれ、SPAでアンチサンドバッギングを規定した場合には、買主は、DDで発見した事項については、表明保証違反に基づく補償請求を行うことができません。

2 プロサンドバッギング

これに対し、SPAにおいて、買主に既知の事実についても、売主に対する表明保証違反に基づく補償請求を妨げないという規定を設ければ、買主は、DDで発見した事項についても、表明保証違反に基づく補償請求を行うことができます。こうした取扱いをプロサンドバッギング（Pro-sandbagging）といいます。

3 デフォルトルール

SPAにおいて、アンチサンドバッギングなのか、プロサンドバッギングなのか、明確に規定がなされない場合の解釈は、国や州によって結論が変わり得ます。

(1) 日本

日本の裁判所は、アンチサンドバッギングに親和的です。アルコ事件東京地裁判決（2006年）では、SPAに明確な規定がないケースにおいて、買主が売主による表明保証違反を認識しまたは認識し得なかったことに重過失がある場合に、公平の見地に照らし、売主の表明保証違反責任が否定されるとの判断が示されています。

(2) 米国

米国では、州によって傾向が異なります。

デラウェア州は、SPAにその旨の規定がなくても、プロサンドバッギングを肯定する傾向があるといわれます。

カリフォルニア州は、その逆で、SPAにその旨の規定がない場合、買主が特にその表明保証に依拠したこと（reliance）が立証されない限り、プロサンドバッギングが認められない傾向があるといわれます。

ニューヨーク州は、その折衷で、SPAにその旨の規定がなくともプロサンドバッギングを肯定するものの、売主が積極的に事実を開示し、かつ、買主がそれを知りながら取引を実行した場合にはプロサンドバッギングを否定する傾向があるとされます。

4 特別補償

売主の立場からすると、プロサンドバッギングへの強い抵抗感を感じることが多いと思われます。このため、SPAでプロサンドバッギング合意をするのは、そう簡単ではありません。

そこで、実務では、DDで買主が認識した事項のうち特に重要なものを個別に列挙した上、買主の認識にかかわらず問題が顕在化した場合に補償を受けるという特別補償を設ける交渉をすることが多いと思われます。

プロサンドバッギングだと、買主がDDで発見していたリスクも一律に補償対象になってしまいますが、特別補償であれば、そうした扱いを受ける事項を限定できるので、売主の立場からも交渉余地がより大きいといえるからです。

（関口）

実務論点18　クロージング後に表明保証違反が発見されたときに、売主がきちんと補償してくれるか心配しています。支払いを確実にするためのSPA上の規定方法があれば、教えてください。

エスクロー（Escrow）/ホールドバック（Holdback）/保証/表明保証保険

1　エスクロー

エスクロー（Escrow）とは、中立な第三者（エスクローエージェント）に買収価格の一定金額（5～30％程度）を一定期間預託し、その期間に表明保証違反が生じた場合、当該預託した金員から弁済を受ける方法です。日本ではほとんど使われていませんが、海外では簡単に手配できることが多いです。エスクローエージェントは、日本では信託銀行以外に担い手も少ないですが、海外だと、例えば、フランスでは、弁護士会がそのようなサービスを取り扱うこともある等、担い手が多い印象があります。

エスクロー契約では、以下のような内容が規定されます。

ア　買主が、クロージング日に、エスクローエージェントに対し、買収価格の一部を送金

イ　表明保証違反があった場合には、買主売主の双方の請求または買主一方からの請求（一方からの請求の場合、判決等の買主の主張を支える証拠も添えなければならない）に基づき、エスクローエー

ジェントから買主に対し、エスクロー口座から請求額を支払い

ウ　エスクロー期間（6か月～2、3年程度）が経過した場合には、買主売主の双方の申請により、エスクローエージェントから売主に対し、エスクロー口座から残金を支払い

エ　買主および/または売主は、エスクローエージェントの報酬を負担

2　ホールドバック

ホールドバック（Holdback）は、単純にいうと、分割払いのイメージです。クロージング時に買収価格の70～95％を支払い、残りを一定期間後（1年後等）に支払うとするアレンジです。

この残余代金の支払期限までの間に表明保証違反が生じた場合、当該ホールドバックしている（買主の手元にある）金員から弁済を受けること（相殺）ができます。このため、ホールドバックは、実質的に担保金のような役割を果たすといえます。

なお、国または地域によっては、ホールドバックのアレンジをする際には、SPAで上記のような相殺ができる旨明記しておいた方が安全であることもありますので、現地カウンセルとご相談ください。

3　保証

売主がSPCのような場合、損害賠償に応じるだけの資力がないため、親会社の保証を求めることがあります。

4　表明保証保険

表明保証保険においては、表明保証違反が生じた場合、買主は保険会社から保険金を受け取ることができます。保険会社は信用力があるため、保険金支払い資金が枯渇することは通常は考えられません。また、保険会社は、保険業法規制に服していること、および業界内の評判にも配慮するため、合理的に判断して保険金を支払ってくれる傾向があります。

なお、表明保証保険には、買主用と売主用がありますが、90～95％

以上は買主が購入する買主用保険であるといわれており、本書では、特に明示しない限り、買主用保険を前提に解説しています。

（関口）

実務論点19　贈収賄やカルテル等のコンプライアンスリスクに対し、SPAでどのような手当てをする必要がありますか。

ストラクチャー変更/買収断念/誓約・前提条件/表明保証・補償/特別補償/ホールドバック/エスクロー

1　問題発見時の対応

DDで発見された問題は買収価格に反映することで対応するのが本筋です。ただ、贈収賄やカルテル等のコンプライアンスリスクは、リスクが現実化するかどうかや現実化した場合の損害額が契約締結までに判明しないことが多く、買収金額に反映させるのが困難です。このような場合に取りうる対応はいくつかあります。

1つが、ストラクチャーの変更です。事業カーブアウトにより買収対象からリスクを切り離せないかとか、一部買収とすることにより、リスクが顕在化した場合の買主の損害を軽減できないか、といったことが検討されます。

また、以下に述べるように、契約書で一定の手当てをすることでリスクを軽減することも考えられます。

加えて、実務論点38、39で扱うように、PMIで一定の対応を取ることも考えられます。

これらの方法でもリスクを許容できる程度まで軽減できない場合には、最終的に買収を断念せざるをえないこともあります。コンプライアンスリスクを理由とする買収中止は必ずしも珍しくありません。

2　SPAによる手当て

SPAでコンプライアンスリスクに対処する方法として、①誓約・前提条件、②表明保証・補償、③特別補償があります。また、④補償金の支払いを担保するため買収代金の支払いを一部留保することも考えられます。

(1)　誓約・前提条件

まず、売主に対して、クロージング前に法令違反のおそれのある行為をやめることや、適切なコンプライアンス体制を構築すること等を誓約させ、誓約を遵守したことをクロージングの前提条件とすることが考えられます。ただ、誓約はあくまで将来の法令違反行為を防止するためのものであり、これを遵守したからといって過去の法令違反行為が治癒されるものではないため、クロージング後に過去の行為について当局の摘発を受けるリスクはなお残ります。

(2)　表明保証・補償

次に、対象会社が法令違反のおそれのある行為を行っていないことを売主に表明保証させることが考えられます。これにより、クロージング後にリスクが顕在化し、対象会社や買主が損害を被った場合に、売主に対して表明保証違反に基づく補償請求を行うことができるようになります。

ただ、売主が問題となる事実を把握している場合には、ディスクロージャースケジュール（**実務論点41**参照）に記載することにより当該事実について表明保証の対象から除外できてしまいます。また、アンチサンドバッギング条項（**実務論点17**参照）が置かれている場合には、売主に表明保証させたところで、買主がDDで認識した事実に基づく補償請求はできません。

こうした制約を乗り越えて、ようやく売主に補償請求を行うことができたとしても、補償条項には請求できる損害の上限・下限額や期間制限が設けられるのが通常ですので、損害全額の補償を請求できるとは限りません。

(3) 特別補償

上記のような制約により表明保証だけでは十全な補償が受けられない可能性がある場合、買主としては特別補償（実務論点10、17参照）を求めることが考えられます。

特別補償は、売主・買主の認識に関わらず、将来一定の事実から買主や対象会社に損害が生じた場合に売主がこれを補償することを定めるもので、多くの場合、補償の上限・下限額や期間制限も通常の補償より買主に有利に定められます。ただし、売主からは特別補償条項を設けることに強い抵抗を示されることも多くあります。

(4) ホールドバック、エスクロー

契約書上、補償や特別補償が認められていても、売主から実際にお金を回収できなければ絵に描いた餅です。売主が任意に補償に応じなければ、買主が裁判や仲裁を起こす必要がありますが、外国の売主を相手方に裁判や仲裁を行うにはそれだけで膨大な時間とコストがかかります。さらに裁判や仲裁で買主の主張が認められても、売主に資力がなければ回収はままなりません。なお、補償請求を確保するための表明保証保険というものもありますが、買主がDDで認識した事実や、法令違反に基づく罰金・制裁金は免責対象となっているのが通常です（実務論点34参照）。

そこで、買主が確実に補償を確保する手段として、買収代金の一部の支払いを留保することが考えられます（ホールドバック）。支払時期までに損害が発生すれば留保した買収代金の残金で相殺するというわけです。銀行等の第三者に残金を預けておくエスクローという方法もありますが（実務論点18参照）、預託先（エスクローエージェント）に支払う報酬が発生しますし、手続も煩瑣です。また、預けたお金は、売主はもちろん買主も使えなくなるため、資本効率が下がります。

上記のとおり、コンプライアンスリスクに対処する方法としてSPAによる手当てには一定の限界があるということを理解しておく必要があります。

（井上）

実務論点 20 SPAの契約締結日からクロージング日までに１、2か月程度、間隔が空きそうです。サイニング時点でのバリュエーションをしているのですが、その１、2か月の間に、対象会社に生じた変動はどう反映されるのですか。

クロージング調整（Completion account）方式/ロックドボックス（Locked box）方式

1 SPAの2つの方式

SPAには、大きく分けて、クロージング調整（Completion account）方式とロックドボックス（Locked box）方式があります。前者では、サイニングからクロージングまでに生じた純有利子負債等の変動を調整します。後者は、そうした調整は行いません。

2 クロージング調整方式

(1) 調整方法

クロージング調整方式は、もともと米国型のSPAで用いられる設計ですが、欧州案件で用いられることもあります。クロージング調整方式では、SPAのサイニングの時点からクロージングの時点までの①純有利子負債（有利子負債－現金）の増減および②純（正味）運転資本（Net Working Capital）の増減を買収価格の調整項目にすることが多いです。

純運転資本は、実務論点３でも触れたとおり、次のように計算されます。

純（正味）運転資本＝（売上債権＋棚卸資産＋その他流動資産）－（仕入債務＋その他流動負債）

クロージング調整方式でそのような純有利子負債と純運転資本による調整を行うのは、一般論として、純有利子負債と純運転資本の変動額の合計がサイニングからクロージングまでの期間におけるフリーキャッシュフローの金額と近似するため、DCF法に基づく買収価格の算定との整合性が取りやすいからだといわれます。

具体的には、クロージング調整方式では、純有利子負債が増えていれば（減っていれば）、買収価格に増加分を減算（加算）し、純運転資本の金額が増えていれば（減っていれば）、買収価格に増加分を加算（減算）することになります。

上記の計算に関しては、算定方法に係る認識の相違が生じないよう別紙で合意しておきます。例えば、適用される合計基準を定めたり、貸借対照表の項目のうち、借入金、リース債務、社債等を有利子負債として、預金等を現金として、指定します。なお、どの項目を計算の対象とするかは、案件ごとに、変わり得ます。例えば、計算を簡素化するため、調整項目を絞り込むこともあり得ます。

上記について、1つ単純化した具体例を挙げて検討します。例えば、買主・売主が、SPAのサイニング時に、買収価格を100億円と合意したとします。そして、①サイニング時の対象会社の純有利子負債が20億円、純運転資本が15億円で、②クロージング時の純有利子負債が30億円、純運転資本が5億円だったとします。このとき、純有利子負債は、10億円増えていますので、買収価格から10億円を減算します。また、純運転資本が10億円減っていますので、買収価格から10億円減算します。したがって、買収価格100億円から、合計20億円が減算され、調整後の買収価格は80億円になります。

なお、クロージング調整方式では、基準純運転資本（Target Net Working Capital）という概念が用いられます。例えば、サイニング時には、基準となる事業価値だけ合意しておき、当該事業価値から、①（クロージング日等、調整の基準時点における）純有利子負債を控除し、かつ、②（同基準時点における）純運転資本と基準純運転資本との差額を反映する（正であれば加算し、負であれば減算する）という形で用いられます。

(2) 調整回数

クロージング調整方式には、1回調整型と2回調整型があります。

1回調整は、クロージング時にSPAサイニング時での合意金額を支払い、クロージグ後に調整する形です。

2回調整は、クロージング前に売主が見積もり（Estimate）を出し、一度仮調整します。クロージング時には当該仮調整額を支払います。その後さらにクロージング調整をします。2回調整することで、支払金額と調整金額の差額を小さくでき得るという利点があります。

3　ロックドボックス方式

欧州は、伝統的に売主有利のSPA実務だといわれています。その実務を端的に示すのがロックドボックス方式です。

ロックドボックス方式では、特定の財務諸表の基準日の数値を用いて買収価格を算定し、当該基準日後の事情は、原則として、買収価格に反映されません。

なお、基準となる財務諸表は、監査済み（audited）のものが望ましいですが、監査済みのものがなかったり、基準日が取引時点から乖離があった場合には、マネジメントアカウント（管理会計）ベースの財務諸表（未監査）を用いることもあります。ただし、マネジメントアカウントは監査済みでないため、ロックドボックス方式で依拠するに足りる信頼性があるのかについて慎重に検討する必要があり、しばしば当事者間で議論になります。

さらに、ロックドボックス方式で特徴的なのが、鍵を閉められた日（Lockedされた日）である基準日からクロージングまでの間、買主から売主に支払うべき利息（買収価格×数%という形で算定されます）が発生することです。最近の（PEファンドが売主である）欧州の入札案件だと5～8%を提示されることが多い印象です。

このようにロックドボックス方式では、買収価格の調整が行われないため、売主は買収価格を確定でき（減額リスクを回避でき）、かつ、利息も受領できることから、売主有利の設計といわれています。

なお、クロージング調整方式で買収価格を調整すると、買収価格が増える可能性もあるので、クロージング調整方式と比べてロックドボックス方式が売主有利とされる理由がわからないと感じるかもしれません。しかし、売主にとって買収価格のダウンサイドを限定できるのは魅力的であり、また、売主は、通常は、売り時、つまり、会社が最も高く売れるタイミングで売却を図ると思われるため、サイニング時の価格が事実上最も高い価格になる可能性が相応にあるという点にも鑑みれば、売主有利という整理もあり得るのだと思われます。

また、ロックドボックス方式で買収価格を固定した後で、対象会社から売主へのキャッシュアウト（売主への配当、金銭支払い、債務免除、資産処分等）があると不公平な結果になりますので、そのような現金流出（Leakage）がなされないよう、契約で厳密に制限します。すなわち、売主は、現金流出をしないとの誓約を行い、かつ、クロージングまでに現金流出がされていないことを表明保証します。

なお、この現金流出に係る表明保証については、表明保証保険の付保対象外とされることが多いと思われます。

（関口）

実務論点 21　紛争解決条項はこだわらなくてよいですか。SPAにおいては、ほかにも確認しなくてはならない点が沢山あるので、いつもはあまり意識していませんが、問題ないですか。

準拠法/管轄

1　準拠法

紛争解決条項において、まず問題になるのが、SPAに関し紛争が生じたときに問題解決の基準となる準拠法がどの国、州の法律になるかです。

最も一般的なのは、対象会社の設立地の法律と同じものとする方法です。対象会社がある国で設立されたのであれば、その国の会社法のすくなくとも一部が強行的に適用され、SPA上の合意より優先されることが通常です。このため、SPAの準拠法を対象会社の設立地の法律にすることで、SPAの合意と設立地の法律の矛盾を防ぐことができます。

ただ、これが絶対というわけではなく、例外的な対応はあり得ます。例えば、米国カリフォルニア州の会社を買収する際には、カリフォルニア州法がSPAの準拠法になることが多いと思われます。しかし、当職が担当した米国案件（2021年）では、米国のローカルカウンセルから国際案件に適したニューヨーク州を準拠法にするよう交渉してもよいのではという助言を受けたことがあります。同じ米国内であるので、設立地の州法を準拠しなくても、契約書と現地法との整合性調整の手間が少なく、問題が生じにくいということが背景にあると思われます。

2　管轄

⑴　裁判所

準拠法が決まったら、次は、管轄です。オーソドックスな方法の1つは、対象会社の設立地での裁判所で解決するという定め方です。SPAに関する紛争は、売主の表明保証違反が典型的ですが、この場合、対象会社にそうした問題があったかという証拠は、対象会社の設立地に集中しているため、対象会社の設立地の裁判所で解決するというのは、理にかなっています。

ただ、注意したいのが、対象会社の設立地の裁判所が公正な裁判所を行えるかという問題と、言語の問題です。まず、その国の裁判所が腐敗している可能性がある場合、そのような裁判所に紛争解決を任せるのは危険です。また、裁判の場合、現地の裁判所の言語で行われますので、日本語ではなく、英語ですらないこともあります。そのような言語で訴訟追行するのは、翻訳費用を含め、日本企業にとって大きな負担になることがあります。

日本の裁判所で紛争を解決するという交渉もあり得ますが、よほど交渉力が強くなければ、強く拒絶されることが多いと思われます。

また、中国が代表的ですが、日本の裁判所の判決が執行できない国もあり、そのような場合には、日本の裁判所での紛争解決には適しません。

なお、米国の裁判所管轄にする場合には、陪審を避けるような条項（Waiver of Trial by Jury）を入れておいた方がよいと思われます。国際案件において、陪審員は日本当事者より米国当事者に好意的な判断をするリスクがあり、また、プロの裁判官と異なり判断が不安定ですので、避けておくのが賢明です。Waiver of Trial by Juryの例文は次のとおりです（重要なので大文字で記載されることが多いです）。

> Waiver of Trial by Jury. EACH PARTY TO THIS AGREEMENT ACKNOWLEDGES AND AGREES THAT ANY CONTROVERSY WHICH MAY ARISE UNDER THIS AGREEMENT IS LIKELY TO INVOLVE COMPLICATED AND DIFFICULT ISSUES, AND THEREFORE IT HEREBY IRREVOCABLY AND UNCONDITIONALLY WAIVES ANY RIGHT IT MAY HAVE TO A TRIAL BY JURY IN RESPECT OF ANY LITIGATION DIRECTLY OR INDIRECTLY ARISING OUT OF OR RELATING TO THIS AGREEMENT AND ANY OF THE OTHER TRANSACTION DOCUMENTS OR THE CONTEMPLATED TRANSACTIONS. EACH PARTY CERTIFIES AND ACKNOWLEDGES THAT (A) NO REPRESENTATIVE, AGENT OR ATTORNEY OF ANY OTHER PARTY HAS REPRESENTED, EXPRESSLY OR OTHERWISE, THAT SUCH OTHER PARTY WOULD NOT, IN THE EVENT OF LITIGATION, SEEK TO ENFORCE EITHER OF SUCH WAIVERS, (B) IT UNDERSTANDS AND HAS CONSIDERED THE IMPLICATIONS OF SUCH WAIVERS, (C) IT MAKES SUCH WAIVERS VOLUNTARILY, AND (D) IT HAS BEEN INDUCED TO ENTER INTO THIS AGREEMENT BY, AMONG OTHER THINGS, THE MUTUAL WAIVERS AND CERTIFICATIONS IN THIS SECTION 11.14.

⑵　仲裁

裁判所での解決が適切でないまたは合意できない場合、選択肢になるのが仲裁です。

特に、対象会社所在国の裁判所の信頼性が乏しい場合には第三国での仲裁が有効です。例えば、日本企業がフィリピンの対象会社を買収する場合、シンガポールを仲裁地（Seat）とし、シンガポール国際仲裁センター（SIAC）で仲裁を行うことができます。仲裁地は、いずれの国の仲裁法規（日本が仲裁地ならば、法の適用に関する通則法）により仲裁手続が規律されるかを示すものです。仲裁に友好的な国を選択するのが重要です。仲裁地は、証人尋問等が行われる審問地（Venue）とは異なります。審問地は当事者間の協議で選択可能ですが、実務上は、仲裁地と同一地になることが多いです。

仲裁を検討する場合には、仲裁地と相手方が所在する国がともにニューヨーク条約の締結国であることを確認してください。いずれかが締結国でない場合、仲裁判断を相手方国で執行できない、または迅速に執行できない可能性が高まります。なお、台湾は、中国との国際関係上、ニューヨーク条約には加盟していませんが、東京を仲裁地として行われたJCAA仲裁の仲裁判断が台湾で執行された事例があります。

仲裁条項は、各仲裁機関がウェブ等で公表しているモデル仲裁条項に基づいて起案するのが安全です。モデル条項から乖離すると、有効な仲裁合意と認められない可能性が高まります。なお、中国案件では、当該仲裁機関の規則で仲裁するとだけ規定するのではなく、当該仲裁機関で仲裁するということを明記しないと、仲裁合意の有効性を否定される場合があるようです。

また、仲裁人の人数も問題になります。普通は、1名または3名です。1名だと仲裁人費用が節約できますが、その1名が自身に友好的でない者になってしまうと、自身に不利な判断がなされるリスクが高まります。仲裁人が3名であれば、売主・買主が1名ずつ選任し、その2名が最後の1名を選任するので、中立性や公正性がより確保されやすくなります。

加えて、仲裁であれば、言語をあらかじめ選択できます。

コストについてはケースバイケースですが、裁判より、仲裁の方が、コストがかかることもあります。実際、当職が担当した米国案件（2022年）で、米国のローカルカウンセルから、デラウェア州やニューヨーク州の裁判所であれば、合理的な判断を期待できるので、仲裁として多額のコストをかけるよりはこうした裁判所で紛争解決した方がよいという助言を受けたことがあります。もっとも、裁判所での訴訟は、上訴が可能であり、上訴が続けば、訴訟の方が、コストが高くなることもあり得ます。

なお、秘密保持の観点では、公開が原則の裁判よりも仲裁の方が秘密を保持しやすいというメリットがあります。

最後に、仲裁には裁判と違ってディスカバリー（discovery）のような広範な証拠開示手続がないのではないかという質問も受けることがありますが、仲裁でもそのような証拠開示手続は存在します。特に、仲裁人が大陸法ではなく、英米法のバックグラウンドを有するときには、より広い範囲で証拠開示が認められる可能性があります。

（関口）

実務論点 22　売主は、対象会社の将来性について自信を持っており、強気な事業計画に基づいた買収価格を提案してきています。しかし、当社は売主の事業計画は楽観的過ぎると考えているため、折り合えず、買収価格の交渉が膠着してしまっているのですが、何かよい解決策はありますか。

アーンアウト（Earn-out）

1　アーンアウト

アーンアウト（Earn-out）とは、クロージング後の経営成績等の指標の達成度に応じて、買収価格の追加払いを約束するという方法です。この方法であれば、売主と買主との間で、将来の経営成績の見込みが折り合わないという膠着状況を打開し得ます。

もっとも、売主としては、クロージング後に買主が意図的にアーンアウトに係る支払条件を満たさないように不当な作為を行うことを懸念するため、売主が経営者として一定期間対象会社に残留するという場合の方が売主には受け入れやすい対応になります。

ただ、そうでなくとも、買主による不当な作為を制約するような仕組みを設けることで、売主の懸念を和らげることは可能です。例えば、買収後の（対象会社の通常の業務の範囲に属さない）イレギュラーな対応により、損失が計上されることを防ぐルールを設けることがあり得ます。

また、買主が対象会社を再売却したような場合、アーンアウトの算定が困難になります。このため、①売主の同意なくそのような再売却は認めない、②再売却された場合に、再売却先にも、買主のアーンアウト契約上の義務（例えば、指標の計算のための情報提供義務等）を遵守させる、③再売却された時点で、アーンアウト対価支払い義務の履行期限が即時到来し、全額または一部を売主に支払う（Acceleration）等の設計が検討されることもあります。

2 指標

売主としては、売上高を指標に用いた方が、買主が対象会社の支出費用等を操作することでアーンアウトで支払われるべき金額を不当に減少させることを防ぎやすいため、売上高を希望することがありますが、実務的には、EBITDAを指標とすることが多いと思われます。

これは、買収価格の算定のためにEBITDAマルティプル（実務論点11参照）が用いられることが多いので、その際の算定をベースとした交渉がしやすいからです。

EBITDAの算定にあたっては、買収前と買収後の算定方法の平仄が取れるように（例えば、同様の会計基準等の前提で作成された財務諸表でEBITDAを計算できるように）、SPA上で整理しておく必要があります。このように算定方法の平仄を揃えることを、'apple to apple' になるようにするといいます。交渉上よく耳にする用語なので覚えておくと便利です。

非財務的な指標を設定することも可能です。そーせい・ヘプタレスセラピュティクスケース（2015年）では、対象会社がバイオベンチャーであり医薬品の研究開発を行っていたことから、マイルストンペイメント（医薬品の開発の進捗に伴って発生する支払金）および開発した権利のロイヤリティ収入の額に応じたアーンアウトの仕組みが設けられています。

ユーザーベース・クォーツケース（2018年）では、売上額のほか有料課金ユーザー数を使ったアーンアウトの仕組みが設けられています。

（関口）

実務論点23　SPAの締結に際し、売主から、E-signingを求められたのですが、当社の代表取締役はパソコンでの対応は不慣れなため、代替策で対応したいです。

PDF/E-signing

1　E-signing

M&A案件において、電子署名の方式を提案されることもあります。

E-signingの利点は、①サインの真正が担保されること、および②署名頁のPDFや原本の送信または郵送を行わなくてよいこと等です。例えば、フランスの方式では、E-singingにおいて、署名者（代表取締役等）は、以下の操作を求められます。

ア　アカウント登録（パスワードの設定、パスポートのアップロード）

イ　署名日当日に、登録したアカウントにログインして、PC上で署名

ウ　本人が署名したことを確認するため、プラットフォームから、署名者の携帯電話のショートメッセージにCodeが届くので、当該Codeをプラットフォームに入力して、本人確認をする

なお、E-signingは、SPAだけでなく、エスクロー契約等の付随契約のほか、定款を変更する際の株主総会書面決議、新任役員の就任承諾書等でも利用できることがあります。

2　代替案

PDFでの署名頁の交換をした上、当該署名頁の原本をFed Ex等のクーリエサービスで送付という対応が伝統的な方法です。したがって、この従前どおりの方法で対応することもあり得ます。

なお、SPAのような重要契約の場合、PDFのみで締結する例は少ないと思われますが、PDFのみで締結したい場合には、以下のような文言で、PDFでの締結が可能なことを明確化することもあり得ます。

This Agreement may be executed in multiple counterparts (including by means of facsimile or portable document format (.pdf) signature pages), any one of which need not contain the signatures of more than one Party, but all such counterparts taken together shall constitute one and the same instrument. This Agreement, to the extent signed and delivered by means of a facsimile machine, electronic mail or other electronic transmission, shall be treated in all respects as an original contract and shall have the same binding legal effects as if it were the original signed version thereof delivered in person.

3 SPAと契約締結方式

SPAについては、公証人の面前で署名しなければならない等のように契約締結方法が限定されている国があります。インドネシアやドイツがそうですが、この場合、上記のようなE-signingやPDFでのSPAの締結はできません。

ただし、そのような場合でも、署名権限者である代表取締役が現地の公証人のオフィスまで赴く必要はなく、現地弁護士に依頼して、会社の代理人として、公証人の面前でSPAに署名してもらえば足ります。詳細は**実務論点 24**を参照してください。

なお、インドネシアでは、インドネシア人が当事者であるSPAや株主間契約は、インドネシア語で作成される必要があると現地弁護士から助言されると思われます（実務上は英語と併記することが多いです）。さらに、株式の譲渡等の重要な権利関係に係る契約（SPA）は、ドイツと同様、インドネシアの公証人の面前での署名が求められます。

また、タイでは、株式譲渡にあたり、一定の要件を満たす譲渡証書の作成が求められ、通常は、SPAとは別に作成します。当該譲渡証書には証人（witness）の署名も要求されますが、署名権限者である代表取締役の署名に立ち会う従業員等を証人とすれば足ります。

（関口）

実務論点 24　当社の署名権限者が委任状に署名する際に公証人による公証を受けるよう求められています。どのような点に気を付けるべきですか。署名権限者である当社の代表取締役の代わりに、秘書室長に公証役場に行ってもらおうと思いますが、問題ないですか。

公証（Notary）/公証役場での公証/領事認証/アポスティーユ（Apostille）

1　厳格な手続

実務論点 23のとおり、ドイツ、インドネシア等一定の国では、SPAのような重要な契約の締結については、現地の公証人等の面前で当事者が署名するという厳格な手続が求められます。ただ、スケジュール調整の問題、コロナ禍による移動の制約等のため、署名権限者である当事者の代表取締役が海外に出張するのが簡単でないこともあり得ます。

そこで、実務では、当事者の代表取締役等の署名権限者が、現地の法律事務所の弁護士に委任状（Power of Attorney）を発行し、当該弁護士をして、現地の公証人等の面前で署名をさせるという代替策がとられることがあります。

なお、ドイツでは、締結にあたり、SPAの全文を公証人が読み上げます。このため、別紙を含めて100頁超になることもあるSPAだと、SPA締結にかなりの時間を要します。

2　日本の公証役場での公証

現地の法律事務所宛てに発行する委任状について、日本の公証役場で公証を受けた上、領事認証またはアポスティーユを付すことを求められることがあります。このため、まぎらわしいですが、今度は日本の公証役場での公証等を検討しなくてはなりません。

日本の公証役場での手続は、原則として、署名権限者が公証役場に赴き、公証人の面前で、委任状に署名した上、公証人がこれを証明するという手続が必要です（本人による私署認証）。英語での認証文言の例は以下のようなものになります。なお、公証役場によって英語文言が異なることもあるのでご注意ください（以下同様です）。

> This is to certify that [代表取締役名] of [会社名], a corporation organized and existing under the laws of Japan, who has been authorized to sign the attached document, has executed the attached document in my very presence.

しかし、署名権限者である代表取締役は多忙であり、公証役場を訪問してもらう時間がなかなかとれないという場合、代表取締役の代理人（従業員等）が公証役場に赴き、代理での私署認証をすることがあります。これは、代理人が、公証人の面前で、当該委任状は本人である代表取締役によって署名されたと言明するという手続です（代理人による私署認証）。英語での認証文言の例は以下のようなものになることがあります。

> Before me, a notary in and for the Tokyo Legal Affairs Bureau, [代理人名], with satisfactory evidence of his identification and of his being an agent of [代表取締役名], Representative Director of [会社名], in accordance with the Japanese Notary Act, state that the principal had acknowledge affixing his signature and seal to the attached document.

こうした代理人による私署認証は、（公証人が本人による署名を直接視認していないという点で）海外ではなじみのない形式ですので、現地の公証の要件を満たしていないと指摘されて、契約の直前に大きなトラブルになることもあります。

このため、公証役場での公証を求められた場合には、公証役場にどのような公証文言を用意してもらえるか事前に相談し、現地の確認も得た上で、対応することをお勧めします。

解決策としては、代表者本人に公証役場に行ってもらう方法が安全です。

また、公証役場よっては代理人による私署認証の英訳として、以下のような文言を提供することがあります。

This is to certify that the signature on the attached document is genuine and authentic signature of [代表取締役名], President of [会社名], a corporation existing and organized under the laws of Japan, who has produced sufficient proof of his power to execute the said instrument on behalf of the above-mentioned corporation.

このような認証文言であれば、代理人による私署認証であっても、問題とされる可能性を減じることができます。なぜならば、同じ代理人による私署認証でありながら、代理人が本人による署名を公証人に対して言明するという表現が出てこないため、海外で使用したときに、前記の英語文言よりも違和感を生じさせにくいからです。したがって、どの公証役場がどのような英訳公証文言を提供するか等を把握するため、日ごろの公証役場とのコミュニケーションが重要になります。

3　領事認証、アポスティーユ

上記で公証された委任状については、領事認証か、アポスティーユ（Apostille）を取得した上で、現地に原本を送付するよう要請されるのが一般的です。

領事認証は、日本にある外国の大使館・（総）領事館の領事による認証です。その国で使用される重要な文書について、当該国の領事が認証するという手続です。

アポスティーユは、認証不要条約（1961年10月5日のハーグ条約）に基づく付箋（＝アポスティーユ）による外務省の証明のことです。提出先国はハーグ条約締約国のみです。アポスティーユを取得すると日本にある大使館・（総）領事館の領事認証があるものと同等のものとして、提出先国で使用することができます。多くの国が当該ハーグ条約に加盟しているので、実務上は領事認証ではなくアポスティーユで対応することが多いです。

なお、アポスティーユは外務省で取得するのが原則ですが、東京都内、神奈川県内、静岡県内、大阪府内および愛知県内の公証役場であれば、公証だけでなくアポスティーユについても、（外務省での手続を必要とせずに）公証役場がワンストップで手続してくれます。

（関口）

第7　クロージング

実務論点 25　海外M&Aのクロージングで気を付けるべきポイントがあれば教えてください。海外送金をタイムリーに行えるのか心配です。

海外送金/外為法/クロージングチェックリスト

1　海外送金

(1)　送金トラブルの可能性

クロージングでもっとも重要になるのが、クロージング日に遅れず、売主の指定口座に買収価格を送金することです。日本から海外口座に送金する場合、コルレス銀行と呼ばれる中継銀行を経由することも多く、着金まで1～3営業日程度を要する場合もあります。また、中継銀行から手数料を徴求されることもあり、その場合には、日本からの送金金額の全額が着金しないことになります。

当職の経験でも、中継銀行で、マネーロンダリング関係のチェックが長引き、予定どおり着金しなかったことがありました。この場合、予定どおりにクロージングできないことになり、クロージング日を修正する等のドキュメンテーションの対応が必要になるほか、トラブルが生じかねません。

なお、送金トラブルそのものではありませんが、中国案件で、売主が日本企業、買主が中国企業という場合、買収価格は中国から日本へ海外送金されることになります。こうした中国から日本への海外送金の場合、対象会社の登記を変更（所有者の買主への変更）した上、中国の税務当局の承認を経なければならないため、株式を譲渡した日に代金を受領することができません。

⑵ 銀行との連携

海外送金にあたっては、日本の送金元銀行との間で、いつまでに送金指示しておくべきか、中継銀行に手数料を徴求されないか等、事前に打ち合わせしておく必要があります。

送金元銀行への確認の際には、送金先銀行に関する次のような情報を売主側から事前に入手した上で、送金元銀行と共有するとよいと思われます。

ア　送金先銀行（銀行名、支店名、BIC）
イ　送金先口座（口座名義人、IBAN）
ウ　送金通貨、金額
エ　送金の際に、紐づけのために利用されるレファレンス番号（もしあれば）

なお、BIC（Bank Identifier Code）とは、SWIFT（外国送金等において利用される国際通信手段）において銀行を特定するコードであり、8桁または11桁のアルファベットと数字で構成されています。

また、IBAN（International Bank Account Number）とは、口座保有銀行の所在国、支店、口座番号を特定する最大34桁の番号です。

同時に、売主に、送金元銀行に関する次のような情報を共有し、送金先銀行との間で着金に問題なさそうか、確認してもらっておくことをお勧めします。

オ　送金元銀行（銀行名、支店名、BIC）
カ　中継銀行（銀行名、支店名、BIC）
キ　送金先口座（口座名義人、IBAN）
ク　送金通貨、金額

⑶ その他の解決策

上記のような確認を経ても、クロージング当日に予定どおり着金ができないリスクが完全に消滅するわけではないため、他の代替案も検討対象になります。

例えば、送金先銀行と同じ国に所在するグループの現地法人や支店に、事前に入金しておき、当日に当該現地法人や支店から送金する等の方法も検討に値します。

2　外為法

日本の居住者が海外企業に出資または買収する場合、外為法上の資本取引として、同法に基づく手続が必要になり得ます。例えば、海外企業の株式または持分について、出資比率10%を超えて取得する場合には、対外直接投資に係る証券の取得として、出資先の業種、金額等に応じ、許可を取得し、事前届出を行い、または事後報告をすることになり得ます。

また、日本の居住者が非居住者に対し、株式または持分に対する対価の支払いを行う場合、「支払または支払の受領に関する報告書」を提出する必要が生じ得ます。

実務上は、送金元銀行の役割を担う買主の取引銀行が助言してくれることが多いと思います。また、日本銀行がウェブ上で公開している外為法に係る対応マニュアルも参考になり、かつ、日本銀行の担当者は電話照会に丁寧に回答してくれるとの印象があります。

なお、他の箇所でも同様ですが、法制度は都度改正されることがありますので、案件を行う際の最新情報を確認するようにしてください。

3　クロージングチェックリスト

SPAのサイニング後は、クロージングの前提条件を成就させるよう手続を進めていきます。例えば、競争法上の届出、外資規制上の事前承認、労働者保護手続が前提条件になることがありますが、当事者としては、これらの手続が円滑に履行されるよう努める必要があります。

実務的には、アドバイザーにクロージングチェックリストを作成させて、対応すべき事項を明確にしておくのが効果的です。

サイニングからクロージングまでの間が空くと、買収価格の為替リスクを負うことになりますし、SPAがロックドボックス方式の場合には買主がクロージングまでの利子（通常は買収価格の数%）を支払わなければならないこともあるため、前提条件を間違いなく成就させ、予定どおりにクロージングできるよう準備する必要があります。

（関口）

第8　規制

実務論点26　フランスの会社の買収を検討しています。SPAの締結前に、労働者代表と協議しなければならないと聞いているのですが、どのような対応が求められるのですか。そのほかの国でも労働者に関する典型的なイシューがあれば教えてください。

Social & Economic Committee（CSE）

1　フランス

アジアもそうですが、欧州には、労働者保護色が強い国が多くあります。フランスがその代表例です。フランスでは、対象会社を買収するSPAを締結する前に、対象会社のSocial & Economic Committee（CSE）との協議を前置することを求められることがあります。

協議期間は、原則1か月間ですが、エクスパートと呼ばれるCSE側のアドバイザーが選任されると2か月間に延長されます。当該期間は、CSEが対象会社からコンサルテーションペーパーを受領した日を始期とします。CSEは、当該協議期間内に買収に関する意見を提出しますが、当該意見には法的拘束力はありません。

こうした規制のため、当該協議が完了するまではSPAを締結できません。しかし、売主は買主に対象会社を売却する権利を何らかの形で確実にしたいと考えます。このため、売主から買主に対し、売主が権利行使した場合には買主は事前に同意したSPAを締結するというプットオプション（Put option）を売主に付与するよう要求され、CSEの手続完了を行使の条件とするプットオプションを売主に対して付与するプットオプション契約が締結されるのが一般的です。

2　インドネシア

インドネシアでは、買収を行い対象会社の所有者を変更する場合、これに反対する正社員（期間の定めのない従業員）は、退職することができ、かつ、通常よりも高額の退職金の支払いを求めることができます。

実務的には、日本の会社が買収者であれば、これを歓迎する従業員が相当数存在することもあるという印象です。しかし、従業員が次々と退職してしまえば、PMIに悪影響が生じますので、SPA公表後に、従業員向けの前向きなアナウンスをする等、買収に理解を得られるよう工夫しておくのがよいと思われます。また、退職を避けるため、退職しない正社員に対し、一定の金額を支払うこともあります。

（関口）

実務論点27　CFIUS DDの結果、CFIUS対応が必要であると助言されましたが、どのような形で対応すればよいですか。

義務的届出（Mandatory filing）/任意届出（Voluntary filing）/届出（Notice filing）/簡易届出（Declaration filing）

1　義務的届出、任意届出

①重要な技術（Critical technology）に関わる米国事業への投資のうち当該米国事業のコントロールを取得し、当該事業に係る重要な技術の輸出等に米国政府の許可が必要である等一定の要件を満たしたもの、および②外国政府が議決権の49%以上を直接または間接に保有する外国投資家が、重要な技術（Critical technology）、重要なインフラ（Critical infrastructure）または米国市民のセンシティブ個人データに関わる米国事業（TID米国事業）の議決権の25%以上を直接または間接に取得する場合、義務的届出（Mandatory filing）が必要になります。

義務的届出に該当しない場合でも任意届出（Voluntary filing）をすることがあります。クリアランスを得ておかないと、いつ取引を解消（買収後であれば株式を売却するよう命じる等）するよう命じられるかわからないからです。

なお、応用テクニックとしては、スケジュールに余裕がない場合、クロージング後に任意届出を行うパターンもあります。つまり、CFIUSで問題になるリスクは低いが、政治状況の変化等で後々になって問題にされたくもないというケースでは、クロージグ後に任意届出し、問題ないことを確認することもあるということです。

2　届出フォーム、スケジュール

届出フォームには、①届出（Notice filing）および②簡易届出（Declaration filing）があります。①の場合、届出費用（適宜変更可能性がありますが、例えば、5,000万米ドル以上2億5,000万米ドル未満の取引では、75,000米ドル）を要しますが、②の場合、費用はかかりません。

届出および簡易届出のスケジュール感は以下のとおりです。

(1)　届出

対応	期間
①情報収集および届出書の起案	2～3週間
②CIFIUSへの仮提出 ③CFIUSのレビュー ④CFIUSからの指摘に対応し、届出書の再調整	2～3週間
⑤CFIUSに正式提出 ⑥CFIUSが指摘事項への対応していることを確認し、正式レビューを開始	1週間
⑦CFIUSのレビュー	45日
⑧（上記レビューでクリアランスが出ないとき）審査期間を延長した上、CFIUSの調査を開始	45日
⑨CFIUSの決定 ア　クリアランス イ　撤回もしくは再届出の要請 ウ　大統領に取引を阻止することを推奨（大統領はCFIUSの推奨に従うか15日間で決定）	

合計	最長約3か月 最長約4.5か月（調査のため審査期間を延長したケース）

(2)　簡易届出

対応	期間
①情報収集および簡易届出書の起案	1～2週間
②CFIUSに提出 ③CFIUSが受領確認	1週間
④CFIUSのレビュー	30日
⑤CFIUSの決定 ア　簡易届出でない届出提出を要請 イ　簡易届出では、クリアランスは得られないこと、および簡易でない届出提出をすることができることを通知 ウ　一方的な調査を開始 エ　クリアランス	
合計	最長約2か月

（関口）

実務論点28　クロージング後のスムーズなPMIのために、契約締結後、クロージングまでの間に対象会社に対して一定の誓約を課したいのですが、競争法上どのような誓約であれば問題なく課すことができますか。

ガンジャンピング/待機義務違反/誓約事項/クロージングの先取り/支配権の移転

1　ガンジャンピング

M&Aでは、クロージングの前後を通じて徐々に対象会社について理解を深め、時間をかけて統合していくというのが当事者の認識でしょう。しかし、競争法の視点からは、M&Aの当事者はクロージングの瞬間までは独立した競争主体であると考えます。クロージング前に、当事者があたかも同一の主体であるかのようにふるまうことはガンジャンピングとして問題になります。

実務では、競争法ガンジャンピングという用語は主に以下の3つの意味で使われています。

類型	概要
①届出義務違反	必要な競争法届出を行わずに取引を実行してしまうこと。
②待機義務違反	必要なクリアランスを取得する前に、取引を実行してしまうこと。実際の取引実行だけでなく、取引を実行したのと同じような効果を生じさせるような行為も含まれる。
③クロージング前の協調行為	クロージング前にカルテル等の反競争的行為を行うこと。センシティブ情報の交換も問題となる（実務論点 29 参照）。

①と②を合わせて手続的ガンジャンピングと呼ぶこともあります。なお、届出を行わず取引を実行した場合、届出義務とともに待機義務にも違反することになります。③は実質的ガンジャンピングと呼ぶこともあります。本項では、このうち②を扱います。①については実務論点 30で、③については実務論点 29で、それぞれ取り上げます。

2　待機義務違反

待機義務違反とは、届出は行うものの当局のクリアランス（実務論点 30 参照）が得られる前に、クロージングの実施（取引の実行）とみなされる行為を行うことです。買収契約の締結後クロージングまでの間に統合のための準備行為を行ったり、対象会社の行為を一部制限したりすることは一般的に行われていますが、これを超えて、実質的にクロージングを行ったとみなされる場合が待機義務違反となります。この類型のガンジャンピングが問題となったEUにおける２つの事件を紹介します。

⑴　Altice/PT Portugal事件

2014年12月9日、AlticeはPT Portugalを買収するためのSPAを締結し、2015年2月25日、EU当局に届出を行い、条件付きクリアランスを得ました。しかし、EU当局は、以下の点を問題視し、Alticeがクリアランス取得前に実質的にクロージングを行っていたとして、届出義務違反および待機義務違反に基づき124.5百万ユーロの制裁金を課しました。

①SPAにおいてAlticeに対しPT Portugalの上級職員の選任や顧客との取引条件、各種契約の締結、変更、終了等、広範な業務に関する拒否権が付与されており、AlticeがPT Portugalに対し決定的な影響力を行使することができたこと

②競争法届出の提出前およびクリアランスの取得前に、AlticeがPT Portugalに対し販促キャンペーンの実施方法について指示を与えたり、秘密保持義務の枠組みを超えて詳細な機微情報を要求、取得したりすることにより、実際にPT Portugalに対する決定的な影響力を行使したこと

本件では、実際に買収対象会社に対して影響力を及ぼした（上記②）だけでなく、契約上、影響力を行使することが可能であったこと（上記①）も問題視されている点に注意が必要です。また、当局が決定において、契約書の中で対象会社の価値を保全するための条項を規定することは一般的であり適切であると述べている点も重要です。なお、本件は裁判でも争われましたが、一般裁判所はEU当局の判断を維持しました。

⑵　E&Y/KPMG Denmark事件

2013年11月18日、EYとKPMG Denmarkは統合契約を締結し、2014年2月7日にデンマーク当局に届出を行いました。同日、KPMG Denmarkは統合契約に従い、KPMG Internationalに対し、同社との間のメンバーシップ契約を2014年9月末付で解約することを通

知しました。デンマーク競争当局は、かかる解約が待機義務違反に当たるとの決定を行いました。当事者が裁判で争ったところ、司法裁判所は、メンバーシップ契約の解除は、KPMG Denmarkの「支配権の移転」に資するものではなく待機義務違反には当たらないとの判断を示しました。

(3) 実務上の対応

上記のEUの２つの前例によれば、SPAの誓約事項については、対象会社の価値を保全するために必要な範囲を超えていないか否かという点が、クロージング前の行為については、対象会社の支配権の移転に資するか否かという点が、それぞれ１つの基準になりそうです。

ただ、個別のケースでは問題となる国・地域や行為の内容に応じた判断が求められます。例えば、SPAの誓約事項において、対象会社に対しクロージング前の顧客統合、生産量の調整、工場の閉鎖等を求めるような場合や、買主と対象会社がクロージング前に展示会への共同出展や顧客へのあいさつ回りを行うような場合には、ガンジャンピングとみなされるリスクがないか事前に競争法の専門家にアドバイスを求めるべきでしょう。

（井上）

実務論点 29 対象会社から、DDを開始するに当たってクリーンチームの組成を求められています。対象会社と競合する事業の営業部員をクリーンチームに加えたいのですが、可能ですか。対象会社と競業する事業を所管する役員はどうでしょうか。

ガンジャンピング/センシティブ情報/クリーンチーム

1 センシティブ情報の交換

M&AにおけるDDや交渉・協議において対象会社から提供される情

報には、競争上機微性の高い情報、いわゆるセンシティブ情報が含まれます。買主が対象会社の競争者である場合、買主と対象会社の間でセンシティブ情報が不用意に交換されると、ガンジャンピングとして競争法上問題となるリスクがあります（実務論点28参照）。

「センシティブ情報」とは、一言でいえば、競争に影響を与える要素に関する情報のことですが、具体的には、以下のような情報がこれに当たると考えられます。

センシティブ情報の例
現在または将来の価格（割引、リベート含む）に関する情報 顧客ごとの契約条件、営業計画に関する情報 製品ごとの製造コスト、生産数量、販売数量、生産能力、品質、売上高に関する情報 投資計画、新製品、新技術、研究開発に関する情報

M&Aという枠組みを外したときに、競争相手からこうした情報を得られれば容易に協調行為を行えるような情報、あるいは顧客がサプライヤー間で交換されることに異議を唱えるような情報と考えるとイメージしやすいかもしれません。

なお、相互に情報を交換する場合だけでなく、一方的な情報の開示も違反となりうるとされています。また、一度きりの情報交換も違反となりうるとされています。

2　クリーンチーム

(1)　クリーンチームとは

競争者間における不用意なセンシティブ情報の交換を防止し、センシティブ情報が営業活動で利用されないようにするために取られる情報遮断措置の１つがクリーンチームです。これは、相手方のセンシティブ情報にアクセスできる者を少人数のメンバーで構成されるクリーンチームに限定することにより、センシティブ情報が相手方と競合する事業（競合事業）で利用されるのを防ぐための仕組みです。

DDで対象会社の情報に触れることが多い買主側で組成することが多いですが、M&Aの協議では買主からも情報提供が行われることもあるため、売主・対象会社側でも組成することもあります。当事者が競争法コンプライアンスの観点から自主的に組成することが多いですが、最近では、売主側から買主側に対して、DDに先立ちクリーンチームに関する契約（クリーンチーム契約）の締結を求めるケースも増えています。

⑵ クリーンチームの運用

クリーンチームは、具体的には以下のようなルールで運用されます（買主側を想定）。

①メンバー	クリーンチームのメンバーは、M&Aの検討に関与する必要がある限定された役職員（経営企画部、法務部、財務部等）と外部アドバイザー（FA、弁護士、税理士、公認会計士等）のみとし、競合事業に従事する営業部員や競合事業の意思決定に関与する役職員は除く。
②メンバー管理	メンバーはリストで管理し、メンバーの変更・追加は法務部等の承認を必要とする（クリーンチーム契約を締結する場合相手方の承認が求められる場合もある）。
③誓約書	メンバーからは、秘密保持や情報利用の制限に関する誓約書を提出させる。
④データルーム	DDで使用するデータルームにクリーンチーム用フォルダを設定し、センシティブ情報はそのフォルダにアップロードする。
⑤共有制限	センシティブ情報をクリーンチーム外の役職員に共有することを禁止する。共有が必要な場合は、マスキング等の加工を施す。

クリーンチームの運営において一番問題となるのが誰をメンバーとするかです。上記①のとおり、競合事業の営業部員はクリーンチームのメンバーには含めないのが原則ですが、開示される情報の種類や内容によってはビジネスをよく知る営業部員にみてもらわないと情報の意味や価値を正しく判断できないということもよくあります。その場合、一次的には、上記⑤のように、価格などの重要な情報をマスキングした上でみてもらうことを検討します。

また、現役の営業部員ではなく、すでに他部署に異動した社員や、もうすぐ定年退職する予定の営業部員に限ってクリーンチームに加えるといった工夫も考えられます。営業部のマンパワーに余裕があればM&A実行までの期間限定でM&Aに専従させることを条件に現役の営業部員をクリーンチームに入れることも考えられます。競合事業を所管する役員は微妙なところですが、会社の実情によっては担当役員が顧客との交渉や価格決定に直接関与しないような場合もあり得、そのような場合には、クリーンチームに加える余地もあるかもしれません。ただ、当然ながらクリーンチームの外延が緩やかになればなるほど、情報遮断措置としての実効性は薄らぐことになります。

(井上)

実務論点 30 競争法届出が必要な国・地域を特定する方法について教えてください。また、調査の結果、取引と全く関係ない国で届出要件を形式的に満たすことが判明した場合は、必ず届出をしなければならないのですか。

競争法届出/クリアランス/届出基準/国別売上高

1 競争法届出(企業結合届出)

競争法届出(企業結合届出)制度とは、一言でいえば、一定の要件を満たすM&Aを行う際、取引実行前に競争当局に届け出て、その審査を受け承認を得ること、または取引実行まで一定の待機期間を置くことを義務付ける制度です。その目的は、市場における競争に悪影響を及ぼすM&Aを事前に禁止することです。

競争法届出制度を擁する国・地域は100以上あります。なかにはクロージング後に届出が必要な国(インドネシア、アルゼンチン等)や届出が任意とされている国(英国、シンガポール等)もあります。なお、国レベルでなく地域レベルで届出が求められる場合もありますが(EU等)、以下簡便化のために「国」で統一します(法律家は法域

(jurisdiction) と呼ぶことが多いです)。

届出を行い当局の承認を得たり、待機期間が経過したりして取引を実行できる状態になることを「クリアランス」と呼びますが、必要な届出を行わなかったり、届出をしてもクリアランス取得前に取引を実行したりするとガンジャンピングとして違法となります(実務論点 28 参照)。最近では、どの国の競争当局もガンジャンピングに対する執行を強化しており、罰金も高額化しています。外国企業が摘発されるケースも増えています。海外M&Aでは、いずれかの国で競争法届出が必要にならないかを確認することは常識となっています。

2 届出が必要な国の特定

(1) 届出対象となる取引

届出対象となる取引には、合併や株式取得のほか資産譲渡やジョイントベンチャーの設立も含まれます。多くの国で、取引によって対象会社に対する支配権(control)を取得することとなる取引が届出の対象とされています(EU、中国等)。

支配権の取得は過半数株式の取得によって生じるのが典型ですが、少数株式の取得でも、それにより買主が対象会社の経営に決定的な影響力を及ぼすことができるようになる場合には支配権の取得があったとみなされることもあります。また、日本、ドイツ、オーストリアのように、支配権の取得に関わらず一定割合の株式取得を届出対象とする国や、米国のように支配権の取得の有無を問わず、当事者の規模や取引の規模を基準に届出の要否を決める国もあります。

(2) 売上高による初期スクリーニング

届出が必要となる基準は国によってまちまちですが、多くの国では、買主と対象会社のその国・地域内における売上高、資産額および市場シェア等が一定の基準値を上回る場合に届出が求められます。そこで、届出が必要な国の特定を行うに当たっては、まず、比較的入手しやすい買主と対象会社の国別売上高の情報を入手して、初期的なスクリーニングを行うのが一般的です(ジョイントベンチャーの場合は別の考慮が必要です。実務論点45参照)。ここで使用する売上高は、当事者の属する企業グループの全ての売上高のことであり、当事者単体や当事者が競合する事業分野における売上高ではないことに注意が必要です。

競争法届出に慣れていて、社内で常に最新の国別売上高を準備している会社もありますが、通常、最新の国別売上高の作成・入手には一定の時間がかかります。また、買主側の数値は準備できても、対象会社の国別売上高が不明というケースもあります。

こうした状況では、次善の策として、最新の国別売上高が入手できない場合に過去の数値で代替したり、売上高がある国を特定した上で、各国について、その国だけでグループ内の全部の売上高が生じたと仮定したりして（例えば、合計売上高が100億円で、A国、B国、C国で（内訳は不明だが）売上高があることが判明している場合、A国、B国、C国でそれぞれ100億円の売上高があるものと仮定する）初期スクリーニングを進めることなども考えられます。

⑶　届出をする国の特定

初期的スクリーニングにより、①届出が必要な国、②不要な国、③売上高だけでは届出要否が確定できない国に分類することができます。③に分類された国については、届出の要否を確定するため、追加で必要な情報を当事者に依頼したり、現地カウンセルと協議したり、また、場合によっては現地の当局に（現地法律事務所を通じて匿名で）相談し、最終的に届出の要否を決することになります。

届出基準においては、その国における取引の影響を考慮する国もありますが、単純に売上高のみを基準とする国も少なくありません。そのため、特に、届出基準が低い国（ポーランド、ウクライナ等が典型です）では、およそ取引と無関係の場合にも形式的に届出基準を満たしてしまうことがあります。

こうした場合に、およそ取引と無関係の国でも届出を行うかは悩ましい問題です。まずは現地法令の解釈や実務の運用上、届出を行わないことを正当化できる余地がないか現地法律事務所に相談することが考えられます。法令の解釈上届出を回避することができない場合、上述のとおり、各国の競争当局がガンジャンピングに対する執行を強化していることを考えると、法律上届出が必要な国で届出を行わないという判断には一定のリスクが伴います。

（井上）

実務論点 31 競争法届出が必要な案件では、SPAでどのような点に注意する必要がありますか。また、競争法上のリスクが高い案件のSPAで注意すべき事項を教えてください。

リバースブレークアップフィー/ティッキングフィー/処分義務/Hell or High Water条項/争訟義務

1 競争法届出が必要な案件のSPA

競争法届出（実務論点 30 参照）が必要となる案件では、SPAでも以下のような手当てが必要になります。

(1) 前提条件

競争法届出が必要な案件では、クリアランス取得前に取引を実行すると違法となるため、必要な競争法クリアランスの取得をクロージングの前提条件として定める必要があります。クリアランスが必要な国を具体的に列挙する場合もありますが、単に「競争法届出が必要なすべての国でクリアランスが得られていること」を前提条件とすることもあります。

(2) 買主の努力義務、売主の協力義務

競争法届出は買主の義務とされていることが多いため、迅速にクリアランスを取得するよう努力する義務を買主に課すことがよくあります。買主が当局に提出する書類や資料について売主に事前にレビューの機会を与える義務や、当局との折衝に売主も参加させる義務を定めることも

あります。

他方、競争法届出では対象会社の情報を求められることも多いため、届出書の作成や当局の要求する情報の提供等について買主に協力することを売主に義務付けることもあります。

⑶　クロージング日

競争法届出が必要な案件では、届出書の準備に要する時間やクリアランス取得までにかかる時間を見込んでクロージング日を設定する必要があります。当局が届出書を審査して取引を承認するか否かを決定するまでの期間は国によって異なりますが、競争法上の問題がない案件でも数か月程度かかる場合もあります（かつては中国が時間のかかる国として知られていましたが、最近はだいぶ迅速化しました）。当局の審査が見込みより長引いてクロージング予定日に間に合わない場合、当事者の合意によりクロージング日を延期することもあります。

⑷　ロングストップデート

SPAでは、一定期日までにクロージングの前提条件を充足せず、クロージングが実行されない場合に当事者による契約解除を認めることがあり、この期日をロングストップデートなどと呼びます。

競争法届出との関係では、ロングストップデートを設けることで、当局の審査に予想外に時間がかかってしまった場合に当事者が取引から退出するオプションを確保できます。

⑸　費用負担

SPAでは、取引実行に要する費用は各自の負担と定めることが通常です。ただ、競争法届出は弁護士費用や当局に対する届出手数料など、高い費用がかかります。届出は法的には買主の義務であるとはいえ、売主側の理由で届出が必要となったり費用が膨らんだりすることもあるため、競争法届出対応に要する費用については買主と売主の折半と定めることもあります。

2　競争法リスクが高い案件のSPA

市場シェアが高い当事者同士のM&A等、競争への悪影響が懸念される案件では、競争当局の審査が長期に及んだり、当事者の一部資産・事業を売却すること（divestiture）をクリアランスの条件とされたり、取引の実行自体が禁止されたりするリスクがあります。特に海外M&Aでは、こうした競争法リスクを買主・売主間でどのように分担するかを定めた特別な条項がSPAに置かれることがあります。

(1)　リバースブレークアップフィー、ティッキングフィー

リバースブレークアップフィー(RBF) とは、契約を解除する場合に買主から売主に支払う金銭のことをいいます。競争法届出との関係では、競争当局がM&A取引の実行を禁止したり、一定の期日までに必要なクリアランスが得られなかったりしたことを契約解除事由と定めた上で、解除に際して買主から売主にRBFを支払うことを定めることがあります。

これにより、買主は早期に競争法クリアランスを取得するよう促される一方、売主は競争法リスクに対する一定の保険を得ることができます。より強力に買主にプレッシャーを与えるものとして、クロージングが遅れるほど買主が支払う買収金額が上がっていくティッキングフィーと呼ばれる仕組みもあります。買主にはコントロールしがたいクリアランスの遅れにより買収金額が膨れ上がってしまうこともありうるため、買主としてはできれば避けたい仕組みです。

(2)　処分義務、争訟義務

競争当局が、当事者の一部資産・事業を売却することをクリアランスの条件とするリスクがある場合、SPAで、買主に対し当局の求めに応じて一定の資産・事業の処分義務を課す場合があります。売却する資産・事業の中身や処分先となる買主候補（upfront buyer）まで決めておくこともあります。

さらに進んで、当局が求めるいかなる条件にも従うことを買主に義務付けることもあり、これはhell or high water条項と呼ばれます。ただ、

競争法届出ではSPAの写しの提出を求められることも多いため、そこに処分義務が定められていると、当事者が競争法リスクのある案件であると自覚していることを競争当局に知られてしまう可能性もあります。

また、競争当局が取引実行を禁止する決定を行った場合に、買主が当局の決定について争う義務（争訟義務）を定めることもあります。当局の決定を裁判で覆すのは相当難しく、裁判にかかる費用や時間も考えると、買主としては受入れに躊躇する義務といえます。

（井上）

第9　表明保証保険

実務論点32　英国のM&Aの入札で二次入札に進んだのですが、プロセスレターとともに、保険会社の概算見積もりが複数記載された、NBIレポートという保険ブローカーのレポートが共有されました。SPAを確認すると、買主が表明保証保険を購入することが前提になっているようです。当社としては何に気を付けるべきですか。

ステープルドインシュアランス（Stapled insurance）/ノンリコース（Non-recourse）、リミテッドリコース（Limited-recourse）/NBIレポート（Non-Binding Indication report）/ソフトステープル、ハードステープル/フロンティング（Fronting）

1　表明保証保険

表明保証保険には、買主用と売主用が存在します。

買主用保険は、表明保証違反により生じた被保険者である買主に生じた損害をてん補するための保険です。90～95%は買主用保険だといわれています。

売主用保険は、被保険者である売主が、表明保証違反により買主から補償請求を受けることによって生ずる損害をてん補するための保険です。

買主用保険の場合、買主は、売主に断りなく、表明保証保険を購入することができます。また、買主に交渉力があれば、売主に対し、保険料の全部または一部を負担させることもできます。この場合、買主が保険会社に保険料を支払いますが、その保険料の全部または一部について、売主が買主に補填するという流れになります。表明保証違反があった場合には、買主は、SPAで特別な制限をしていなければ、売主に補償請求することもできますし、保険会社に保険金を請求することもできます。

また、売主用保険の場合も、同様で、売主は、買主に断りなく、表明保証保険を購入することができます。当事者間で保険料を分担することも可能です。表明保証違反があった場合には、売主は、SPAに基づき、買主に補償した分について、保険会社に保険金を請求することができます。

2　ステープルドインシュアランス

売主としては、買主が自身の費用で買主用表明保証保険を付保してくれれば、売主の表明保証違反があった場合でも、買主は保険会社に保険金請求をしてくれるため、表明保証違反による補償責任リスクを減じることができます。

このため、（買主候補が競争させられる）入札という売主有利の状況で、買主が買主の費用で買主用の表明保証保険を購入しなければならないという条件が付されることがあります。入札に「ホチキスどめ」されてくるという意味で、ステープルドインシュアランス（Stapled insurance）と呼ばれます（セルバイフリップと呼ばれることもあります）。こうした手法は、PEファンドが頻繁に用いるものです。

なお、売主としては、買主に買主用保険を購入させるのではなく、自ら売主用保険を購入した上で買主に保険料を負担させた方が簡潔なのではないかとの疑問が生ずるかもしれません。しかし、売主用保険は、自ら保険会社と交渉し、保険会社の引受審査手続（引受審査の前提としてベンダーDDも必要になるのが原則です）を経なければならず、また、表明保証違反があった場合に、売主は買主から請求を受け、損害の確定や支払い等に対応しなければならないため、迂遠です。このため、ステープルドインシュアランスのような形で、買主に負担を課す方が、便宜だといえます。したがって、売主用保険の購入という選択肢が採られることが少なくなっていると考えられます。

3　NBIレポート

(1)　NBIレポートの内容

ステープルドインシュアランスの場合、売主が選定した保険ブローカーが作成した、複数の保険会社から取得した概算見積もりを比較、整理したNBIレポート（Non-Binding Indication report）が、最終（二次）入札に臨む買主候補に、共有されます。

当該レポートには、保険料、保険期間、免責事由、保険料等の保険条件が記載されているため、買主候補者は、NBIレポートを利用しつつ、どの保険会社を選定するかを検討することになります。当該検討に際し、保険ブローカーが保険会社の評判等の補足情報を提供してくれます。

⑵ 保険ブローカーのスイッチ

ステープルドインシュアランスにおいて、売主の選定した保険ブローカーは、最終入札のタイミングで、売主のアドバイザーの立場から買主候補者へのアドバイザーの立場へとスイッチし、以降は買主候補者のために働きます。このとき、保険ブローカー内で、売主の情報が買主に伝わらないよう、かつ、その逆の漏えいがないよう、情報遮断措置が敷かれます。

なお、買主が保険ブローカーを独自に探すこともあり得ますが、保険ブローカーに案件内容を再度説明する等、煩雑ですので、時間的制約の大きい入札案件では、そのような選択をするケースは少ないと思います。

⑶ 日本の保険業法

表明保証保険を購入する際に注意しなければならないのが、日本の保険業法186条です。同条によれば、日本の会社は、原則として、日本の保険会社からしか保険を購入できないこととされています。このため、現地の子会社や買収SPC等を通じて買収するのではなく、日本の本社により直接買収する場合、海外の保険会社の保険を購入できません。

実務においては、この規制に対応するため、「フロンティング（Fronting）」というテクニックが用いられます。保険証券は、日本の保険会社が発行するが、現実的な保険リスクについては、ほとんどすべてを海外の保険会社に再保険の仕組みにより移転させるというものです。したがって、NBIレポートにリストアップされた海外の保険会社が、日本の拠点や提携先を有しており、フロンティング対応ができるかも、保険ブローカーを通じて確認しておかねばなりません。この保険業法186条の論点は、見落としがちなポイントですので、注意してください。

(4) ハードステープル

ステープルドインシュアランス案件では、NBIレポートに複数の保険会社がリスト化されており、買主はそのどれを選んでも、また、リスト外の保険会社を選んでもよいとされることが一般的だと思われます（ソフトステープル）。

一方で、売主が保険会社一社を指定した上、買主がその一社を選定しなければならず、かつ、売主があらかじめ当該一社と合意した保険条件に基づき、付保することを要求するタイプもあります（ハードステープル）。このような手法を取るのは、買主が保険カバーの弱い保険を付保すると、保険でカバーされない請求について、売主に負担を求めてくるリスクがあるため、こうしたリスクを極力避けるため、売主が保険条件まで含め、コントロールしたいという動機があるからです。ただ、実務では、ハードステープルは、それほど普及していないと思われます。

4 ノンリコース、リミテッドリコース

ステープルドインシュアランス案件の場合、SPAの記載ぶりに注意してください。SPAにおいて、①買主は売主の表明保証違反について保険会社以外に請求できないという定めがされる場合、そうではなく、②保険会社から回収できなかった分は、売主に請求できるという定めがされる場合があります。前者は、ノンリコース（Non-recourse）と呼ばれ、後者は、リミテッドリコース（Limited-recourse）と呼ばれます。

ステープルドインシュアランスの場合、ノンリコースになるのか、リミテッドリコースになるのかが重要な交渉ポイントになります。ノンリコースの方が売主に有利ですので、売主の交渉力が強い入札では、ノンリコースに応じざるを得ないケースもあります。

ただ、入札であっても、他より高い価格を出している等、買主候補に

交渉力があれば、リミテッドリコースの交渉を行うこともあり得ます。実際に、当職が担当した英国案件（2021 年）でそのような交渉が行われました。

（関口）

実務論点 33 表明保証保険を付保するまでに、どのような手続を履行すればよいですか。大まかな流れを教えてください。保険会社との交渉ポイントも教えてください。

買主用保険/売主用保険/保険ブローカー /NBIレポート

1　手続の流れ

⑴　買主用保険

ア　保険ブローカー選定

まず、保険ブローカーを選定します。選択肢としては、現地の保険ブローカーを直接選定する場合、日本の保険ブローカーを選定する場合があり得ます。

現地の保険ブローカーは、①地場の小さな保険会社も含め、多くの見積もりを集めやすいこと、②時差なく、現地の保険会社等とコミュニケーションできることが長所です。

ただ、実務論点 32 でも触れましたが、注意したいのが、日本本社が直接買収を行う場合（日本本社が保険契約者になる場合）における、日本の保険業法 186 条による規制です。つまり、日本に支店等を設けない外国の保険会社は、原則として、日本に所在する財産に係る保険契約を締結してはならないとされています。この規制が設けられたのは、日本での保険業の免許を持たない外国の保険会社に日本に所在する財産に係る保険契約の締結を許せば、保険業法による規制監督が潜脱され、日本の保険契約者等に不測の損害を与えるおそれがあるほか、日本の保険市場における公正な競争を阻害されるおそれがあるからです。したがって、保険ブローカーには、そうした規制を遵守するため、日本でフロンティング対応（**実務論点32**参照）ができる保険会社を選定するよう、あらかじめ明確に指示しておく必要があります。なお、大手保険ブローカーのレポートによれば、例外的に、日本から直接付保が可能な国（ケイマン諸島、シンガポール等）も存在するようです。

一方で、日本の保険ブローカーを選定することも可能です。日本本社が直接買収を行う場合、日本の保険ブローカーは、日本の保険業法上の問題については理解しており、かつ、日本語での対応も可能になります。

イ　保険会社の選定

保険ブローカーは、複数の保険会社（多い場合には数十社）にコンタクトし、そのうちから、候補を3～5社程度に絞って、これらの保険会社から取得した概算見積もりを比較、整理したNBIレポートを作成してくれます。

こうしたレポートを参照して、保険会社1社を選定し、費用契約を締結し、引受審査料を支払った上で、引受審査に入ります。

ウ　引受審査

引受審査では、保険会社の引受審査チームが買主から提供されたDDレポートやバーチャルデータルームの資料をレビューします。その上で、引受審査中に生じた不明点等を解消するため、保険会社と買主の間でアンダーライティングコールと呼ばれるインタビューが行われます。基本的には買主側でDDを担当したアドバイザーが回答しますが、買主本人に対し、買収の目的等、取引の内容に係る質問がなされることもありますので、企業の担当者の方も準備しておくようにしてください。

なお、欧州型の実務ではアンダーライティングコールの前に質問票が送信されるため、その質問票にあらかじめ回答した上で、コールに臨みます。米国型の実務では、質問票のやり取りをせず、最初からコールになることもありますが、準備の観点で、事前に質問票を受領した方がよいです。質問票を送るよう依頼しておくと、米国型の場合でも質問票を送ってくれるという印象です。

エ　保険契約締結

アンダーライティングコールを終えると、最終的な保険条件が記載された本見積および保険約款案が送られてきますので、それらの書類をレビューした上で、保険契約締結となります。

保険契約締結は、SPAの締結日と合わせた方が望ましいです。SPA締結日以降も保険契約を締結できますが、SPA締結から保険契約締結の間に発見または発生された表明保証違反は保険の補償対象外となり、保険による保護が弱まるからです。

オ　無事故申告書

サイニング時およびクロージング時に、無事故申告書（No Claim Declaration）と呼ばれる書面を提出します。大まかにいうと、買主のディールチームが表明保証違反を認識していないという保険の告知書のような内容の書面です。

(2)　売主用保険

売主用保険も、買主用保険と同様の流れです。ただし、売主用の場合、保険契約者は売主のため、引受審査の対応は、売主が行います。引受審査にあたっては、保険会社から、ベンダーDDレポート（実務論点40参照）やバーチャルデータルームへのアクセスを求められます。

なお、ベンダーDDレポートとは、売主が自らアドバイザーをリテインして、対象会社に対するDD（売主DD）を実施し作成したものをいいます。

2　保険会社との交渉のポイント

保険会社との交渉は、2時点で行うイメージをもっておくと良いと思います。

最初の交渉は、概算見積もりの際に行います。保険ブローカーが作成したNBIレポートを参照しつつ、甲保険会社には乙保険会社が設定した免責事由は記載されていないので、乙保険会社もその免責事由は削除できないか等という形で、保険ブローカーを通じて交渉することが可能です。

次の交渉は、本見積もりの際に行います。このタイミングでは、保険会社は1社に絞られていますので、他の保険会社の条件との比較を使った交渉はできません。その代わり、引受審査で、保険会社から、DDの不十分を指摘され、免責事由を増やされたような場合には、資料を補充する等して、保険ブローカーを通じて、当該免責事由を削除してもらう等の交渉をすることになります。

そのような交渉は、保険契約締結後でも不可能ではありません。'Endorsement' という変更契約を締結することで、対応できることがあります。例えば、当職が担当したフランス案件（2021年）では、コロナ禍の影響で、不動産登記所が閉鎖しており、不動産の所有権の確認ができないまま、SPAおよび保険契約を同じ日に締結しました。その後、不動産登記所が窓口業務を再開したタイミングで、所有権を確認し、資料を追完することにより、変更契約を締結することができ、当初保険カバーの範囲外であった不動産についても付保対象とできたことがあります。

（関口）

実務論点34　保険金請求時の手続を教えてください。日本企業が関わった実例はありますか。

リクシル・グローエケース（2014年）/アサヒ・インディペンデントリカーケース（2011年）/免責事由（Exclusion）/将来に関する事項（Forward-looking）

1　保険金請求の手続

(1)　保険ブローカー

保険ブローカーを通じて請求するのが通常です。問題が発覚したら速やかに保険ブローカーと連絡を取ります。保険約款上、保険会社への通知方法や期限が定められていますので、当該規定に従った形で請求しなければなりません。

また、買収後に第三者から対象会社に対する損害賠償請求がなされた場合、当該損害賠償請求について、保険会社の同意なしに和解してしまうと、保険金請求の全部または一部が拒絶される可能性もあるため、注意する必要があります。このような場合にも、保険ブローカーに相談すると助言してくれると思われます。

⑵ 保険会社の対応

こうして保険ブローカーの支援を受けながら保険会社に保険金を請求した場合の帰結ですが、海外では表明保証保険を提供できる保険会社の数が多いため、厳しい競争環境の下で、保険金支払いにスムーズに応じたかが市場での評価に影響することから、合理的に判断をして保険金を支払ってくれる傾向があります。

これに対し、SPA上の請求として、売主に補償請求する場合、売主がそのまま違反を認めないケースも多く、そのような場合、日本企業は、紛争コストを嫌い、妥協してしまうケースも多くみられます。これと比べると、保険会社との交渉はよりリーズナブルなものになり得ます。

2 実例

リクシル・グローエケース（2014年）では、リクシルがドイツのグローエグループを買収しましたが、買収の翌年に、グローエグループ傘下の中国の現地法人で、700億円を超える会計不正が発覚した案件です。

アサヒ・インディペンデントリカーケース（2011年）では、アサヒグループが、ニュージーランドのインディペンデントリカーを買収しましたが、買収の翌年に、売主であるPEファンドから開示された財務情報に誤ったものが含まれていたとして、紛争化しました。買主は、売主および保険会社を共同被告として、訴訟を提起し、最終的に、売主および保険会社が、買主であるアサヒグループに対し、和解金を支払いました。

この件の詳細は公表情報からは明らかではありませんが、売主から開示された財務情報が、将来に関する事項（Forward-looking）だったかどうかが争点の1つだったのではないかと推測されます。将来に関する事項は、保険の典型的な免責事項であるため、保険会社も当該免責への該当を考慮し、当初の段階では保険金支払いに応じず、紛争化したものと推測されます。

3　免責事由

保険での免責事由（Exclusion）は、一般的には、以下のようなものが挙げられます。これらの免責事由に該当すると、保険金は支払われません。

ア　Deal team member（3名程度の買主の案件チームメンバー）が知っていた（または知り得た）事項
イ　DDレポート記載事項
ウ　将来に関する事項
エ　結果損害
オ　制裁金・罰金
カ　汚職・マネロン・反社・経済制裁
キ　移転価格税制
ク　第二次納税義務
ケ　年金積立不足
コ　製造物責任（PL）
サ　使用設備等の欠陥

ア、イは保険契約者の既知または既知とみなせるものですので、リスクは保険契約者が負うべきであり、ウ、エ、キ、ク、ケ、コについては、保険会社として受けきれないリスクであり、オ、カについては、保険でカバーすることが公序良俗に反する事故に係るリスクであるという理由が挙げられます。サについては、DDで通常調査されないリスクだからです。

ただし、免責事由は、地域や業種等により、ケースバイケースで設定されます。例えば、インドでは、印紙税や源泉徴税の不払い、中国では、不正会計や課税逃れが、製薬セクターでは、治験、リコール等の免責事由が設定されることがあります。

（関口）

実務論点35 今までは海外の入札で売主であるPEファンドに押し付けられて購入させられていましたが、日本企業として、今後、積極的に、表明保証保険を利用することはできますか。

ステープルドインシュアランス

1 売主案件

これまで、日本では、海外企業の買収案件が注目されてきた一方で、日本企業の現地法人等、日本企業による海外企業の売却案件については、あまり注目されてきませんでした。しかし、近年では、海外の会社を買収するだけではなく、ポートフォリオを柔軟に見直し、適宜のタイミングで売却判断する日本企業も増えてきました。

そうした日本企業の中には、今まで海外M&A案件で売主であるPFファンドに強いられてきたステープルドインシュアランスを自社による海外企業の売却案件で用いようとする会社も出てきています。そこで、ここでは、自社を売主とする案件でステープルドインシュアランスを用いる際の注意点について説明します。

買主は、売主からのステープルドインシュアランスの要求に対し、保険でカバーできない表明保証の全部または一部を売主が補償する（**実務論点32**で説明したリミテッドリコースとする）よう交渉することがあります。

こうした要求がなされないようにするため、①入札のプロセスレターで明確にノンリコースであると断っておくこと、②買主によるDDが十分に行われるようバーチャルデータルームでの開示資料を充実させる等して買主が保険会社の引受審査をスムーズに乗り切れるようにすること等の対応が考えられます。

2　買主案件

売主から表明保証保険の付保を求められていない場合でも、買主候補者が複数おり、自社の優位性をアピールする必要があるようなときには、買主から売主に対し、買主用表明保証を購入すること（売主の表明保証違反による補償リスクを減じること）を伝えることで、魅力的な買主候補者であると印象付けることが可能です。

また、SPAにおいては、表明保証条項の交渉で多くの時間が割かれますが、買主が表明保証保険を購入すれば、売主の表明保証違反による補償リスクを減じられるため、表明保証の交渉がスムーズになりやすくなります。

（関口）

第10　付随契約・PMI

実務論点36　対象会社の現経営陣には買収後も残留してもらいたいと考えています。現経営陣を対象会社に引き留めるための方策にはどのようなものがありますか。優秀な従業員を引き留めたい場合はどうでしょうか。

アクイハイヤ/リテンション/キーパーソン/アーンアウト条項/ロックアップ条項/インセンティブ報酬/ストックオプション

1　リテンション

買主が、対象会社の優秀な人材に魅力を感じて買収を実行する場合（いわゆるアクイハイヤ）や、対象会社の事業継続にとって不可欠な人材がいる場合、買収後にその人材が退職してしまうと期待していたシナジーの達成が難しくなります。そのため、こうしたケースでは買収後の人材引き留め（リテンション）が重要な課題となります。リテンションを考える前提として、はじめにしなければならないのは、対象会社に残ってほしい人材、キーパーソンを特定することです。キーパーソンを特定するためには、DDの過程で対象会社の個々の役職員の職能についてまで理解する必要がありますが、書面によるDDだけでここまで行うのは難しいため、実務者インタビュー等を活用することが考えられます。日本企業はキーパーソンを職位で判断する傾向があるといわれていますが、当然ながら重要なのはその人の地位ではなく能力ですので、キーパーソンは職位ではなく職能に基づいて特定する必要があります。

2　具体的なリテンション施策

キーパーソンを特定した後は、その人材を引き留めるため施策（リテンションプラン）を検討します。これには以下のものがあります。

(1) アーンアウト条項

これは、買収後一定期間内に対象企業が一定の成果を達成した場合に、買主が買収対価を追加で支払うことをSPAで定めるものです。アーンアウトは対象会社の将来見通しについての買主と売主の見解の相違を調整するために設定されることが多いですが、結果的に売主に対し対象会社に残って事業を成長させるインセンティブを与えることになるため、リテンションにも有効です。

ただ、アーンアウトは売主に対して追加の支払いを受ける機会を与える仕組みですので、これがリテンション施策として機能するのは基本的にキーパーソンが株式の売主である場合に限られます。

(2) ロックアップ条項

これは、売主に対しキーパーソンが退職しないよう努力することをSPAで義務付けるものです。ただ、従業員には退職の自由があるため、ロックアップ条項があるからといって安心はできません。また、オーナー企業等で売主自身がキーパーソンである場合、売主個人に一定期間退職しないことを義務付けることもあります。

アーンアウトとは反対に契約上の義務とその違反時のペナルティの威嚇によってリテンションを達成しようとするものですが、売主のモチベーションが低下するリスクがあります。

(3) インセンティブ報酬、ストックオプション

キーパーソンが自発的に会社に残りたくなるようなインセンティブ報酬を設定することも考えられます。これには、一定期間在職するだけで支払われるPay to Stayと、一定の成果を達成したことを条件に支払われるPay to Performがあります。

ストックオプションもインセンティブ報酬としてよく用いられる手法です。ただ、ストックオプションは資本政策に影響を与えるほか、個々人の貢献度と得られる利益を適切に調整するのが難しいというデメリットもあります。

(4) 待遇・福利厚生の改善、職場環境の向上

以上のほか、給与水準や福利厚生を業界水準以上に引き上げたり、人事評価制度を改善して成果が報われるような評価体系としたりすることもリテンション施策の基本です。これらの施策の前提として、キーパーソンの現在の報酬やベネフィットがその能力や貢献度に見合っているのかをDDや買収直後のPMIにおいて調査・分析する必要があります。

3 リテンション率が高ければいいか？

リテンションに関して注意したいのは、リテンション率（残留率）が高ければよいというわけではないということです。日本企業は外国企業に比べて買収後の人材のリテンション率が高いといわれています。これは一見良いことのようにも思えますが、退職者が少ないということは、対象会社が買収後も変化がなく、単に従業員にとって居心地がよい会社になっていて、買主によるPMIが進んでいないことを示している可能性があります。

これは経営陣についても同様で、対象会社をこれまで発展させてきた旧経営陣に敬意を払いつつも、対象会社をさらに成長させるためには外部から経営者を招聘した方がよい場合もあり得ます。

上述のとおり、買収後のシナジーを実現するために真に必要な人材を見極めることが重要です。

（井上）

実務論点37 対象会社は、売主グループから、バックオフィス業務の支援を受けており、クロージング後、突然、そうした支援を受けられなくなると困ります。そこで、買収後しばらくの間は、売主グループによる支援を続けて欲しいのですが、どのように交渉すればよいのですか。

TSA契約（Transition Service Agreement）

1　必要なサービスの把握

まずは支援を必要とするバックオフィス業務を特定する必要があります。そこで、対象会社に対してどのようなグループ内サポートが行われているかを売主に確認する必要があります。

例えば、以下のような項目に言及した表を作成し、売主に表を補充してもらうという方法があり得ます。

ア　Service
イ　Service Description
ウ　Service Provider
エ　Recipient（s）
オ　Service Termination Date
カ　Service Charge

アは対象となる業務、イは業務の内容、ウは業務提供者（売主グループのどの会社か）、エは業務受領者（対象会社が複数ある場合どの会社か）、オは（売主グループとして買収後に対応可能な）業務提供期間、カは業務報酬です。

こうした項目のリストアップは時間がかかりますので、早めに着手することをお勧めします。

2　TSA契約

上記のような項目が確定させた上で、TSA契約（Transition Service Agreement）を作成、締結します。TSA契約は、SPAと同時に締結するか、間に合わなければSPA時点ではタームシートのみを合意した上でTSA契約はクロージングまでに締結するとし、当該締結をクロージングの前提条件にします。

TSA契約では、例えば、次のような規定を置きます。

ア　業務内容
イ　契約期間
ウ　業務報酬
エ　再委託の有無、内容
オ　前提条件（TSA契約に係るサービスを提供するのに前提となる手続。

例えば、オフィスの継続利用の場合に家主の承諾が必要になること）

カ　解除事由

キ　債務不履行があったときの補償の取決め（上限、間接損害等の排除等）

（関口）

実務論点 38　買収した対象会社のコンプライアンスに関するPMIを任されました。PMI担当者として何をすればよいでしょうか。

コンプライアンスPMI/追加DD/内部通報制度/社内リニエンシー/コンプライアンスプログラム/研修・教育

1　コンプライアンスPMIの目的

対象会社の買収後は様々な領域でPMIを進めていく必要がありますが、法務の観点から重要なのは、コンプライアンスに関するPMI（コンプライアンスPMI）です。

コンプライアンスPMIには、主に、買収前のDDで発見できなかった現在および過去のコンプライアンス上の問題を発見し解消することと、将来のコンプライアンス上の問題の発生を予防することという2つの目的があります。

2　コンプライアンス上の問題の発見と解消

現在および過去のコンプライアンス上の問題の発見と解消のための方法として、対象会社に対する追加DDや従業員に対するヒアリングにより社内調査を行うことが考えられます。

買収前のDDでは提出できる質問の数や範囲が制限されていることも多く、時間とリソースの制約もあるため、コンプライアンスリスクの調査には一定の限界があります。また、秘密保持やガンジャンピングの観点（実務論点 29 参照）から従業員へのインタビューも制限されます。

これに対し、買収完了後は調査方法・資料について制約を受けずに調査を行うことができます。とはいえ実際にはすべての資料を精査することは難しいため、買収前のDDにおいて懸念されたコンプライアンスリスクに重点を置いて調査を行うのが効率的です。

このような調査で役に立つのが内部通報制度です。内部通報制度は、証拠の掴みにくい違法行為を炙り出すのに極めて有用なツールですので、もし対象会社が内部通報制度を設けていない場合には導入を積極的に検討すべきです。制度を導入するに当たっては、通報先や時差・言語対応、通報手段について、なるべく現地従業員が使いやすいような配慮も重要です。

内部通報を促進する仕組みとして社内リニエンシーがあります。これは、従業員が問題行為を自分から社内で申告した場合に、その申告した従業員が問題のある行為に関与していた場合でも、懲戒処分等の社内のペナルティを減免するというものです。ただ、悪いことをしたのに全く処分しないことに抵抗がある場合、例えば、処分の免除まではせず、軽減だけ行うといった対応も考えられます。

このような調査の結果、実際に問題が発見された場合の対応については実務論点39で取り上げます。

3　将来の問題発生の予防

将来の問題発生を予防する方法として一番に考えなくてはならないのはコンプライアンス体制の整備です。そもそも対象会社にコンプライアンスプログラムが存在しない場合、あるいは存在しても内容が不十分な場合には、買収後速やかに、少なくとも買主が有しているのと同レベルのコンプライアンスプログラムを導入することが考えられます。

もっとも、買主と同じレベルのものをいきなり対象会社に適用しても、内容が現地の実情に合っていなければうまく機能しません。そのため、対象会社の所在国の法律、文化、商慣習も踏まえた一定のローカライズが必要になることもあります。

ただ、対象会社のコンプライアンスのレベルを引き上げるには、単に新たなルールを導入するだけでなく、現地社員に対する研修・教育を通じて、なぜこのようなルールが必要なのか、なぜコンプライアンスが重要なのか、というところから理解してもらう必要があります。コンプライアンス意識の醸成は一朝一夕にできるものではなく、実際にはこれが一番難しいプロセスといえます。

(井上)

実務論点39 買収前のDDではコンプライアンス上の問題は発見できなかったのですが、買収実行後に対象会社にEU一般データ保護規則（GDPR）違反のおそれがあることが発覚しました。どのような対応が考えられるでしょうか。FCPA違反やカルテルについてはどうですか。

コンプライアンスPMI/GDPR/FCPA/カルテル/リニエンシー/アムネスティ

1　問題発見時の対応

買収後に対象会社のコンプライアンスPMI（実務論点38参照）を進める中で、買収前のDDでは発見できなかったコンプライアンス違反が発覚することがあります。

このような場合、リスクの範囲や大きさを見極めるため事実関係をさらに調査する必要がありますが、同時に考えなければならないのが、関連する当局に対してコンプライアンス違反を自主的に申告することです。コンプライアンス違反の内容によっては、以下のように、当局に自主申告することで制裁の減免を受けられる可能性があるためです。

(1)　EU一般データ保護規則（GDPR）違反

GDPR違反が摘発された事例はまだ多くありませんが、米国の大手ホテルチェーンが2016年に別のホテルチェーンを買収したところ、2018年9月になって、買収したホテルチェーンが2014年から4年間に渡ってサイバー攻撃を受けており、3億3,900万名分の顧客データ（名前、メールアドレス、電話番号等）が流出していたことが発覚したという事例がありました（**実務論点5**でも取り上げたマリオット・スターウッドケースです）。

英国の情報保護当局（ICO）は、この情報流出が2018年5月に施行されたGDPRに違反するとして、当初約9,920万ポンド（約135億円）の制裁金を科す見通しと発表しました。しかし、ICOは最終的に制裁金を1,840万ポンド（約25億円）と当初案から大幅に減額しました。この減額は様々な要素を考慮した結果ですが、ICOの決定では、買主が違反行為を自主的に当局に申告したことや、その後の当局の調査に協力したことも減額要因として挙げられています。

⑵　米国海外腐敗行為防止法（FCPA）違反

米国の司法省（DOJ）と証券取引委員会（SEC）が公表しているFCPAガイドラインでは、M&Aの文脈において、買主が対象会社の問題行為について自発的に当局に申告し、問題行為を是正し、当局に協力した場合に、当局が執行を行わなかったケースが多く存在するとされています。

例えば、フロリダの企業が、買収した通信会社について買収後にDDを実施し、対象会社の過去の贈賄行為を発見したという事案で、買主が贈賄について当局に申告した上で、対象会社の内部調査を実施し、当局の調査に全面的に協力し、問題行為を行った対象会社の社員の解雇を含む適切な是正措置を講じたところ、買主は処罰を免れたというケースが紹介されています。FCPA違反を含む刑事事件の量刑で参照される連邦量刑ガイドラインでも、自主申告が減刑要素であることが明記されています。

⑶　カルテル規制違反

カルテル規制違反は、自主申告が最も効果的な違反行為類型の1つといえます。その理由がリニエンシー制度（米国ではアムネスティとも呼ばれます）の存在です。これは、カルテル違反について当局に自主申告した場合、一定の要件の下で制裁の減免が受けられるという仕組みです。密行性が高いカルテル行為の摘発には極めて効果的なため、取り入れる国が増えています（日本でも課徴金減免制度として導入されています）。

リニエンシー制度のポイントは、早く申告すればするほど制裁の減免を受けられる幅が大きくなることです。特に米国では最初に申告した1社のみが刑事免責を受けられるため、違反行為を発見した場合、急いで申告する必要があります。

2　売主に対する補償請求

上記と並行して、実際に対象会社や買主に損害が生じた場合に備えて、売主に対してSPAに基づく補償請求を行うことができるかを検討する必要があります。

まずはSPAの内容を精査し、対象会社のコンプライアンス違反が売主の契約上の義務や表明保証違反を構成しないか、特別補償事由になっていないかを確認します。表明保証違反については、ディスクロージャースケジュールにより表明保証の対象外とされていないかも確認する必要があります。

さらに、アンチサンドバッギング条項が定められている場合、DDで開示された事実については表明保証違反を問えないことになるため、DDで提供された資料を再度精査し、今回発覚したコンプライアンス違反の事実が開示されていないかを確認しなければなりません。補償請求ができる期間はSPAで制限されているのが通常ですので、これらの確認は問題発覚後速やかに行う必要があります。加えて、補償請求を行う場合にどこまでの損害を請求の対象とできるのかも検討が必要です。

補償請求をしても売主が任意に補償に応じない場合、SPAの紛争解決条項に従って裁判や仲裁を行うことになりますが、外国企業を相手とする場合、これらの手続には相当の時間、費用、労力がかかりますので、請求が認められる見込みや、認められた場合に売主に強制執行することが現実的に可能か等も踏まえて対応を考えることになります。

（井上）

第11　売却案件

実務論点40　ポートフォリオの整理のため、海外子会社を売却することを計画しています。当社は、買収は経験がありますが、売却は経験がありません。売却案件の進め方で気を付けるべき点を教えてください。

インセンティブ契約/ベンダーDD（Vendor DD）/入札/ステープルドインシュアランス

1　売却案件で注意すべき点

売却案件で注意すべき点は、次のとおりです。

ア　売却対象の会社から円滑な協力を得ること

イ　売主の交渉力を強めること

ウ　売主のプロテクションを強めること

なお、SPAで留意すべき点については、実務論点41を参照してください。

2　売却対象の会社から円滑な協力を得ること

(1)　対象会社の担当者の負担、モチベーション低下

会社を売却するにあたっては、買主のDDを受ける必要がありますが、DDにおいてなされる様々な資料の提出依頼や質問に対応するのは、（売却の情報が漏えいへの配慮もあって）対象会社でこれを担当するごく限られた数の役職員になることが多いです。その場合、対象会社の担当者は、マンパワーが不足する中、通常業務のほかに、DDに対応するため、過剰な負担を強いられることになりがちです。

また、対象会社の担当者としては、自身が所属する対象会社が売却されることへの将来の不安を抱えざるを得ません。

これらの理由で、モチベーションが低下すると、DD等の対応を断られたり、反応が遅くなったりし、案件進行の大きな妨げになることがあります。

なお、日本企業が売主の場合に、現地の対象会社の現地役職員に秘密で売却話を進め、DDも現地の日本人だけで対応しようとすることがあります。しかし、現地の日本人だけでは、DD資料の収集、選定、開示等の準備が仕切れず、案件が遅延するか、ブレークするケースもあるため、お勧めしません。

⑵ 対応策

上記のような問題を解決するため、欧米では、対象会社の担当者との間で、NDAに加えて、インセンティブ契約を締結し、取引が成功した際に、売主または対象会社から、一定の成功報酬を支払われるようにアレンジすることがあります。

日本企業は、社員間の平等・公平を重視し、対象会社の担当者にこうしたインセンティブを支払うことに抵抗感をもつことが少なくありません。しかし、ディールがブレークしては元も子もありませんので、特に外国人の担当者との関係では、検討することをお勧めします。

なお、対象会社から支払う場合には、当該支払いは対象会社からのキャッシュアウトとして、デットライクアイテム（実務論点10、11参照）になりますので、注意してください。

インセンティブ契約には、例えば、以下のような内容が定められます。

ア　取引成立のためDDの実施等につき積極的な支援を行うこと
イ　売主の事前承諾がなければ買主と直接接触しないこと
ウ　案件クロージング時に在職し、それまでその義務を果たすことを条件にボーナスを支払うこと

3　売主の交渉力を強めること

代表的な方法として、①売主によるベンダーDDを実施すること、および②入札を実施することが挙げられます。

<table>
<tr><td>ベンダーDD</td><td colspan="2">売主によるDDです。買主との買収交渉に入る前に、売主自身で対象会社をDDし、問題点を整理します。これにより、問題点を予め把握でき、場合によっては、買主との交渉前に、解消することが可能です。
また、このベンダーDDの結果をまとめたベンダーDDレポートを買主に開示することで、買主は、当該レポートをベースとして、不足する点に注力して、買主DDを実施することができるため、買主DDによる対象会社の担当者の負担を軽減することができます。</td></tr>
<tr><td rowspan="6">入札</td><td colspan="2">買主を複数募る入札方式です。入札とすることで、買主候補を互いに競わせ、売主の交渉力を高めることができます。
入札では、対象会社の情報パッケージの準備をした上、証券会社等の協力も得て、買主候補を募り、手続を進めます。第一次入札と第二次入札を行い、第一次入札の通過者（普通は２、３社）にのみ、DDを行わせます。
対象会社に係る情報パッケージとしては、以下のようなものが挙げられます。なお、その多くについて、対象会社の担当者の協力を得て、情報を整理していく必要があるため、対象会社（現地法人）の協力は不可欠になります。</td></tr>
<tr><td>ティーザー</td><td>買主候補を募るときに用いられる（対象会社の名前を伏せた）ノンネームの簡潔な資料</td></tr>
<tr><td>プロセスレター</td><td>入札のルール、手続を定めたもの</td></tr>
<tr><td>インフォメーションメモランダム</td><td>対象会社の事業、財務等の情報が整理されたもの</td></tr>
<tr><td>バーチャルデータルーム</td><td>DDに必要なデータを保存したウェブ上のアクセス先</td></tr>
<tr><td>ベンダーDDレポート</td><td>売主が自らベンダーDDを行い、準備した対象会社に関するDDレポート</td></tr>
</table>

4　売主のプロテクションを強めること

入札を実施する場合には、表明保証保険を利用した、ステープルドインシュアランスという手法を利用することが可能です（実務論点32参照）。繰り返しになりますが、ステープルドとは、「ホチキスどめ」されたという意味であり、M&Aの文脈では、入札にステープルドされます。

つまり、入札条件として、買主が自らの費用で買主用の表明保証保険を付保し、売主の表明保証違反があった場合には、保険会社から保険金を受領するよう求め、これにより、売主の補償責任を限定するようにするわけです。

（関口）

実務論点41 売主の立場で気を付けるべき、SPAの交渉ポイントを教えてください。

クロージング/前提条件/誓約/第三者請求/ディスクロージャースケジュール（Disclosure schedule）

1 取引の確実性

売主としては、取引の確実性を担保することが重要です。この観点では、SPAのサイニングと同日にクロージングとするのが有効です。サイニングとクロージングの間が空くと、サイニングしたものの、前提条件が不成就となる等して、取引が完了しないリスクもあり、また、サイニングからクロージングまでの間に表明保証違反が新たに発生することもあるからです。

サイニングとクロージングの間が空く場合、売主としては、自身の保護のため、SPAの記載ぶりをどのようなものにするか検討する必要がありますが、こうした検討については、船井電機・フィリップスケース（2013年）が参考になります。

このケースでは、船井電機がフィリップス（オランダ）から音響機器事業を承継する新会社の全株式を取得するSPAを締結したものの、その後クロージングまでの間に、当該音響機器事業の収益が大きく悪化しました。船井電機は、契約の解除を主張したもののフィリップスが応じませんでした。

このケースは、売主がオランダ所在でもあり、欧州型の契約だった可能性があります。その場合、前提条件にはMACが定められず、かつ、サイニング後に収益が悪化し、純有利子負債が増加したとしても価格調整をしない（ロックドボックス方式の）規定ぶりになっていたのではないかと思われます。そうした契約の場合、対象会社の業績悪化にもかかわらず、買収は中止できず、かつ、価格調整もなされないことなります。

当該ケースのように、売主としては、SPAのサイニングとクロージングの間が空く場合には、クロージングの確実性を担保しやすく、かつ、業績悪化時の価格調整リスクも負わないような欧州型のSPAの規定ぶりとするような交渉を行うことで、リスクヘッジを図ることも考えられます。

2　売主の保護

売主が対象会社に差し入れている保証、担保（信用状を含みます）をクロージングまでに解除することをSPAの前提条件等で規定することが重要です。対象会社は、クロージング後は売主グループから離脱しますので、その後にそうしたグループ外の会社に与信を与えるのは合理性を欠くからです。

同様に、対象会社をキャッシュマネジメントシステム（CMS）から離脱させることが必要になります。

3　取引後の売主の負担

SPAにおいて、売主は、買主から、対象会社の事業に関し、競業避止義務の負担を求められ、また、対象会社の役職員や取引先に対する勧誘禁止義務の負担を求められるのが通常です。

そこで、SPAの交渉の前から、どの商品、サービス、地域で、どの期間、どの取引先との間で、そうした義務を負うか、社内で検討しておくことをお勧めします。①取引後も売主グループで従前どおり取り扱うまたは②将来取り扱う可能性がある、商品・サービスの販売等が阻害されないよう、商品・サービスの範囲に注意して、決定、交渉する必要があります。

また、売主としては、連結決算との関係で、売却後も一定期間は、対象会社の経理情報にアクセスしなければなりません。こうした情報を得られるようSPAで明記する必要があります。

また、買主から、売却後一定期間、バックオフィス業務等に関し、対象会社へのサポートを求められることがあります（実務論点37）。これは、売主グループから切り離される対象会社が独り立ちするまでの間一定のサポートが必要な場合があるためですが、売主としてはどのようなサポートがいつまで必要なのか、対価はどのくらい要求すべきか等、社内で早い段階から整理に着手することをお勧めします。

4　第三者請求

クロージング後に、第三者から、対象会社に対し、損害賠償請求等の請求がなされた場合、当該第三者からの請求（第三者請求）が売主の表明保証違反を構成することがあります。

例えば、売主が対象会社に税務申告漏れはないという表明保証をしていたにもかかわらず、クロージング後に税務当局からクロージング前の期間における対象会社の税務申告に関し、問題を指摘され、追加税金納付を請求されるようなケースです。

このような場合、当該請求については、最終的には表明保証責任を負う売主が負担することになるため、税務当局の主張する根拠や金額に問題があったとしても、買主が安易に応諾し支払ってしまうことがあり得ます。そのような買主のモラルハザードを防止するため、第三者から請求があったときは、当該請求が表明保証違反を構成するのであれば、売主の同意なく応諾できない等を定めておくのが安全です。

案件によっては、売主が紛争を主導するような規定にすることもありますが、あまり介入しすぎても売主の負担になったり、買主に拒絶感を抱かせることもありますので、ケースバイケースで、どこまでの関与を要求するか検討する必要があります。

5　ディスクロージャースケジュール

売主案件の場合、ディスクロージャースケジュール（Disclosure

schedule)（ディスクロージャーレターともいいます）をどのように準備、作成するかが重要です。

ディスクロージャースケジュールに記載した事項は表明保証違反を免れますが、記載しすぎると、買収価格を減額されたり、特別補償の対象とされてしまうことがあるため、何をどの程度記載するか、慎重に検討する必要があります（実務論点42参照）。

（関口）

実務論点42　弁護士から、当社は売主であるため、ディスクロージャースケジュールを準備しなければならないと助言されたのですが、どのように作成すればよいのですか。サイニングからクロージングまでに生じた事項は更新できるのですか。ディスクロージャーインフォメーションという規定もみたことがあるのですが、何が違うのですか。

ディスクロージャースケジュール/ディスクロージャーインフォメーション（Disclosure Information）/デットライクアイテム/ディスクロージャースケジュールのアップデート

1　ディスクロージャースケジュール

ディスクロージャースケジュールとは、売主が作成するSPA別紙のことを指します。当該別紙に記載された事項については、表明保証責任を免れるという効果を有します。このため、売主は、対象会社と協力して、効率的に、別紙に記載すべき事項を列挙していく必要があります。

具体的な作成方法ですが、例えば、当職が関与した日本企業による英国子会社の売却案件（2021年）では、弁護士が、売主および対象会社にインタビューし、表明保証１つ１つについて、該当の有無を聴取しました。

売主としては、より広く免責が認められるよう、ディスクロージャースケジュールで個別に挙げていないものであっても、登記情報等の公開情報、データルームで開示された事項等については、表明保証責任を免れることができるよう交渉することがあります。こうした取扱いをディスクロージャーインフォメーション（Disclosure Information）と呼びます。なお、米国では、ディスクロージャーインフォメーションの取扱いは認められず、ディスクロージャースケジュールで個別に対象となる事実を挙げることを要求される傾向があります。

また、ディスクロージャースケジュールでは、開示項目を特定の表明保証と結び付けて記載する（例えば、SPA10.1（10）の知財に係る表明保証について、特許登録漏れの問題があると記載する）ことが多いですが、こうした特定の言及にかかわらず、ディスクロージャースケジュールに記載された以上は、すべての表明保証との関係で、免責となることを明記するのが安全です。これを明記しないと、買主から、SPA10.1（10）に係る記載は、同（10）号との関係だけで売主を免責しただけで、そのほかの表明保証との関係では免責ではない等と主張されるおそれがあるからです。

2 デットライクアイテム

ディスクロージャースケジュールに記載された事項は、買主からみれば、デットライクアイテムとして、買収価格から減額されるべきものです（実務論点 10、11 参照）。

したがって、特段の考慮なく、すべからく、記載してしまうと、買主から買収価格の減額を交渉されるリスクが高まり得ます。そこで、内部的なリストを作成した上、どれをどのような形で開示するか慎重に検討する必要があります。例えば、表明保証の補償期限内に表面化する可能性が低いのであれば、あえて記載しないという選択もあるかもしれません。

3 ディスクロージャースケジュールのアップデート

サイニング後クロージングまでの間に、発生したまたは覚知された表明保証違反について、ディスクロージャースケジュールをアップデートできるという規定を置くことがあります。アップデートとは、そうした新たな表明保証違反の事実を売主から買主に通知することで、売主が表明保証違反に係る保証責任を免れるというものです。

しかし、こうしたアップデートの取扱いは、表明保証違反がないことを前提にバリュエーションを行った買主にとっては不利な取決めですので、買主から受け入れられないことが多いと思われます。

（関口）

第12　ジョイントベンチャー

実務論点43　現地パートナー企業と組んで、現地にジョイントベンチャーを設立する予定です。単純な100%株式取得の場合と比べて気を付けなければならないことはありますか。

ジョイントベンチャー/JV契約・株主間契約/法人形態/ガバナンス/拒否権・事前同意事項/デッドロック/共同支配/競業避止義務

1　ジョイントベンチャー

ジョイントベンチャー(JV) とは、複数の企業がパートナーとなり、共同して1つの事業を営む形態です。合弁会社を設立する場合だけでなく、会社を設立しないパートナーシップや戦略的提携をJVと呼ぶこともありますが、以下では基本的に合弁会社を共同運営する場合を念頭に置きます。

JVを組成する目的は多種多様ですが、海外M&Aでは、日本企業が進出先の国の現地企業とJVを組成するケースがよくみられます。特に新興国では外資規制の関係で現地企業とのJVでないと進出が難しいといった場合もあります。日本企業同士が海外でJVを組成することもあります。JVの組成方法としては、パートナー企業同士が共同出資により新会社を設立する場合もあれば、既存の会社の持分の一部を取得することによりJV化する場合もあります。

2　100%株式取得との違い

JVと100%株式取得の一番の違いは、当然ながらパートナー企業の存在です。JVを組成する場合、JVのガバナンスや事業運営についてパートナー企業同士の利害関係を調整するためジョイントベンチャー契約(JVA) や株主間契約 (SHA) を締結するのが一般的です。

特に現地企業とのJVでは、文化や商慣習の異なる相手と長期にわたって１つの会社を共同経営していくことになりますので、将来様々な状況が生じることを見越して契約を締結する必要があります。

3　JVA・SHAで定めるべき事項

⑴　法人形態

まずJVとなる会社の形態を決める必要があります。選択できる会社形態は国により異なるものの、大きく分けると、大企業・上場企業向けの形態（株式会社）と中小企業・閉鎖会社向けの形態（有限会社）が用意されていることが多いです。

日本の国内JVでは株式会社がよく使われますが、上場を目指さない海外JVではガバナンスの自由度が高い有限会社が選択されるケースが多いです。そもそも欧米では株式会社をJVで利用することはあまり想定されていません。例えば、イタリアでは株式会社（S.p.A）に関する株主間契約の期間は５年を超えることはできないとされています。他方、インドネシアのように外資企業は株式会社（PT）しか認められないといったケースもあります。

⑵　ガバナンス

有限会社では、取締役会（board）の設置が義務付けられない場合もありますが、取締役会や任意の意思決定機関を置く場合、その合計人数と各パートナーが指名できる人数を決めておくのが一般的です。出資比率に従うことが多いですが、そうでない場合もあります。各役員の役職や所掌部門について定めることもあります。

⑶　拒否権、事前同意事項

JV契約の中でよく問題となるのが拒否権（veto right）条項です。これは、JVの運営に関する一定の決定については、持分割合にかかわらずパートナー全員の同意が必要とするものです。事前同意事項（reserved matters）と呼ぶこともあります。

これには、定款変更、合併、解散等、組織の根幹に関わるものから、

JVの事業（事業計画・予算の策定、新規投資、新事業の開始、事業提携、一定の契約締結等）、運営（上級職員の選解任、社内規程の制定・変更等）、財務（配当、借入れ、減資等）に関するものまで様々なものが考えられます。

拒否権は、少数持分しか持たないパートナーにとっては、多数持分パートナーによる恣意的なJV運営を防ぐ武器といえます。ただ、あまり多くの事項を定めるとJVが機動的に運営できなくなるほか、デッドロック（実務論点44参照）に陥りやすくなります。

拒否権事項に「重要な」等の限定を付すことがありますが、何が重要かの判断は難しいため、金額等の客観的な基準を設けることもあります。

なお、パートナーが拒否権を通じてJVの戦略的決定に重要な影響力を持っている場合、競争法上の共同支配が認められることがあります（実務論点45参照）。

(4) その他の条項

そのほか、JV契約で定めるべき重要な事項として、①持分の譲渡制限、②デッドロックの解消方法、③競業避止義務、④パートナーとJVとの関係に関する条項、⑤配当、資金調達に関する条項、⑥JVの終了に関する条項などがあります。①、②については実務論点44、③については実務論点46でそれぞれ取り上げます。

④は、例えば、パートナー企業からJVへの人材、技術、ライセンスの供与などについて定めるものです。JVで生じた知的財産のパートナーへの帰属方法等について定めることもあります。

（井上）

実務論点44 ジョイントベンチャー契約で持分の譲渡やデッドロックの解消方法はどのように定めたらよいですか。

ROFO・ROFR/ドラッグアロング・タグアロング/コールオプション・プットオプション/デッドロック

1　持分の譲渡制限

JVでは、特定のパートナー同士の連携・協力が前提となっているため、パートナーによる持分の譲渡は制限されるのが一般的です。ただ、将来の事情の変化に応じてJVからExitする権利を確保したいニーズ等もあるため、JV契約で持分の譲渡に関して以下のような様々なルールを定めておくことがあります。ただでさえ複雑ですが、特に当事者が3名以上になったり、持分の一部の売却を認めたりするとさらに複雑化します。

(1)　ROFO、ROFR

ROFO（Right of First Offer）とは、パートナーが持分を売却しようとする場合、まず他方パートナーに買取りの機会を与えなければならないとするものです。他方パートナーとの協議が一定期間内にまとまらない場合に初めて第三者と交渉できることになります。

これに対し、ROFR（Right of First Refusal）とは、持分の売却を希望するパートナーが、まず第三者と交渉し売却条件について合意した後で、同じ条件で他方パートナーに持分を買い取る権利を与えるものです。他方パートナーが買取りを拒絶した場合にはじめて第三者に売却できることになります。売却を希望するパートナーからすれば、最終的にROFRが行使されて持分を取得できない可能性があるのにDDや交渉に応じてくれる第三者を見つけるのは難しいため、Exitしにくい仕組みといえます。ROFOでも、第三者との交渉後に他方パートナーに再交渉権を認めることがあり、この場合、ROFRと似通ってきます。

(2)　ドラッグアロング、タグアロング

パートナーが持分を売却しようとする場合、「100％持分であれば買いたい」と考える買主候補が現れることがあります。そのような場合

に、パートナーが、他方パートナーに対し、その保有する持分についても買主候補に売却することを強制できる権利がドラッグアロング権（drag-along right）と呼ばれるものです（相手の持分を引っ張る（drag）イメージです）。多数持分を持つパートナーのみに認められることが多く、特にファンドが当事者となるJV契約でよくみられます。

反対に、他方パートナーが持分を第三者に売却しようとする場合に、パートナーが自らの持分も一緒に第三者に売却することを請求できる権利を定めることがあり、これはタグアロング権（tag-along right）と呼ばれます（相手に付いて行く（tag）イメージです）。少数持分を持つパートナーのみに認められることが多いです。

(3) コールオプション、プットオプション

コールオプションは相手方が保有する持分を買い取る権利、プットオプションは自己の保有する持分を相手方に売り付ける権利のことです。多数持分を持つパートナーや将来100%子会社化を想定するパートナーはコールを、少数持分を持つパートナーや将来のExitを想定するパートナーはプットを持ちたがることが多いですが、案件によりまちまちです。一方のパートナーのみがオプションを持つこともあります（ファンド案件等）。

オプションの行使事由としては、①時間の経過、②相手方の契約違反、③相手方の倒産、④相手方の支配権の異動、⑤JVの業績悪化（2期連続赤字等）などが一般的です。

譲渡価格としては、①オプション行使時の純資産、②投資簿価、③第三者による評価価格等が使われます。例えば、プットオプションを持ち譲渡価格を投資簿価と第三者による評価価格のいずれか高い方と設定することにより、少なくとも投資金額は回収できるようにする、といったことも可能です。また、相手方の契約違反を理由にオプションを行使する場合、ペナルティの趣旨で、上記の譲渡価格に一定の値引き（コールの場合）や上乗せ（プットの場合）をすることを定めることもあります。

2　デッドロックの解消方法

(1)　デッドロック

デッドロックとは、一般に、JV契約で定める拒否権事項（実務論点43参照）について拒否権が行使された場合等、JVの運営を巡ってパートナー間で意見の対立がある状況を指します。後述のとおり、デッドロックが生じた場合JVの解消にもつながりかねないため、些細なことでデッドロックが生じないよう事業計画や年間予算など一定の重要な事項について意見が対立した場合のみをデッドロックと定めることもあります。

(2)　デッドロックの解消方法

JV契約では、デッドロックが生じた場合の解消方法についても定めておきます。デッドロックが生じた場合、まずは当事者間で協議することを定めるのが一般的です。はじめはパートナーの実務者レベルで話し合い、それでも解決しなければパートナーの役員やトップ同士が協議するというように段階を設けることもあります。

協議を一定期間行ってもなお解決しない場合、一方または両方のパートナーにコールオプションやプットオプションが生じると定めたり、よりドラスティックに、JVを解散させることを定めたりすることもあります。

（井上）

実務論点45　ジョイントベンチャーの場合に必要な競争法上の手続について教えてください。

競争法届出/共同支配/拒否権/フルファンクションJV

1　JV設立と競争法届出

実務論点30で述べたように、JV設立も、それにより後述の共同支配が生じる場合には競争法届出の対象とされます。競争法届出の要否は取引当事者の売上高をベースに判断することが多いですが、JV取引の場合、JVの支配権を取得するパートナーがいずれも取引当事者とみなされます。したがって、パートナーがいずれもグローバル企業の場合、JVの所在地・設立地に関わらず、多数の国で届出が必要になることがあります。日本企業同士による日本でのJV設立で、EU、中国、台湾、韓国、トルコといった国で届出が必要になることもあります。

2　共同支配

EU型の制度を採用する多くの国では、支配権の取得を届出要否の基準としています。EU競争法上、支配権の取得は、複数の主体が共同して対象会社の支配権を取得する場合にも認められ、これを共同支配（joint control）と呼びます。JVの場合、パートナーがJVに対して共同支配を取得すると認められると届出の対象となります。

議決権割合が50:50のJVが典型ですが、それ以外の場合でも、少数株主にJVの戦略上の決定についての最終的な拒否権（実務論点43参照）が付与されている場合には、少数株主と多数株主による共同支配が認められます。この拒否権は戦略上の決定に関するものでなければならず、例えば、定款変更、資本の増減、JVの売却・清算に関するものでは足りないとされています。

戦略上の決定に該当する典型的なものとして、①予算、②事業計画、③重要な投資または④上級役員の指名・解任が挙げられます。したがって、議決権割合が不均衡なJVでも、JV契約等で少数株主にこれらの事項について拒否権が与えられていると少数株主と多数株主による共同支配が認められる可能性があります。上記はEU型の制度を採用する国では基本的に当てはまります。

3　フルファンクションJV

EUでは、フルファンクションJVだけが届出の対象となります。そのため、EU届出の要否の判断に当たっては、JVがフルファンクションか否かが極めて重要です。EU以外でも、EU競争法上のフルファンクションJVと大要同じ要件を満たすJVのみを届出対象とする国もあり（トルコ、ブラジル等）、EU競争法上のフルファンクションJVに当たるかの判断は、そうした国の届出要否の判断にも影響を与えます。EU競争法上、フルファンクションJVとは、①自律的な経済主体としての全ての機能を有し、②継続的に活動するJVのことをいうとされています。

まず、①の自律性の観点から、フルファンクションJVであるというためには、JVが活動する市場において他の事業者が通常営んでいるのと同じ機能を営んでいる必要があります。具体的には、日常業務を行う経営者がいて、JVの事業を継続的に行うための、財務、人材および有形・無形資産等の十分なリソースに対するアクセスを有していることが求められます。

なお、人材は必ずしもJVが雇用していなくてもよく、また、人材が親会社からの出向であっても、出向がJVの立上げ期間に限られている場合または親会社とのアームズレングスな取引条件に基づく場合には、それだけでフルファンクションJVでなくなるものではないとされています。

また、自律性という観点から、研究開発JV、生産JVのように、親会社の事業活動の一部を担うだけのJVはフルファンクションJVではないとされています。JVが親会社の製品の販売のみを行い、もっぱら販売代理店として活動する場合も同様です。加えて、当初の立上げ期間（通常3年未満）を除き、販売および仕入れを親会社に依存してしないこともフルファンクション性を認める上で重要です。

次に、②の継続性の観点から、短期間の限定された期間のみ存続するJVは継続性があるとはいえません。他方、JV契約にJVの解散や一方当事者の脱退権が定められていることは継続性の要件を失わせるものではないとされています。同様に、JV契約にJVの存続期間が定められていても、その期間が十分に長い場合や、期間経過後も継続する可能性についても定められている場合には、これも継続性の要件を失わせるものではないとされています。

以上のような検討の結果、JVがフルファンクションJVに該当しない場合、EUでの届出は求められません。この場合、EUの各加盟国レベルでの届出の要否についてさらに検討することになります。加盟国レベルでもフルファンクションJVであることを届出の要件としている国が多いのですが、ドイツ、ポーランド、オーストリアのように届出の要件としていない国もあるため、EUで届出を行わない場合でもこれらの国で届出が必要になる可能性があります。

（井上）

実務論点 46 ジョイントベンチャーの運営に関して競争法上注意すべき点があれば教えてください。海外子会社と同じように扱ってよいですか。

情報交換/スピルオーバー/情報取扱ガイドライン/競業避止義務

1　情報交換

実務論点 29で述べたとおり、競争事業者間でセンシティブ情報が不用意に交換されると競争法上問題となることがあります。

JVでは、パートナーが共同して１つの事業を行いますが、共同化した事業以外ではパートナー同士は引き続き独立した当事者です。また、JVもパートナーの完全な子会社ではないため、独立した事業者として扱われる場合があります。したがって、他方パートナーやJVが自社と競合する事業を行う場合、パートナー間およびパートナーとJVの間に適切な情報遮断措置を設ける必要があります（下図参照）。JVの効果がJV外にあふれ出てしまうこと（spillover）を防ぐイメージです。

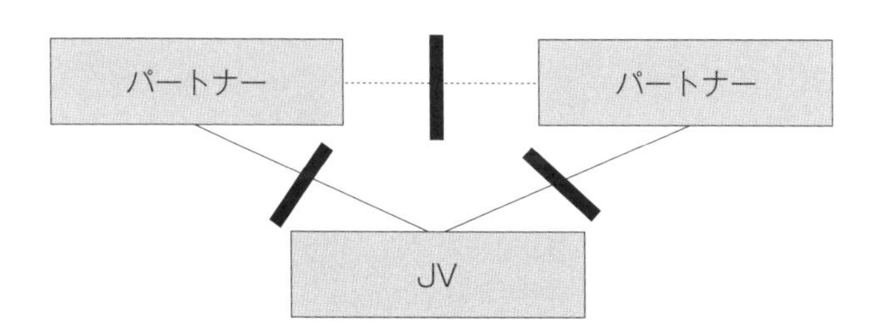

具体的な措置としては、①JVや他方パートナーと交換する情報は、JVの目的に照らして必要最小限のものにとどめること、②JVの運営に関与する特定の者以外に、JVや他方パートナーのセンシティブ情報（実務論点29参照）を共有しないことなどが挙げられます。

また、③これらを含めた情報の取扱いに関するガイドラインを他方パートナーと共同して策定し、関係者に周知・遵守させることも有用です。

さらに、④JVに出向するなどJVの運営業務に従事していた従業員は、一定期間JVと競合する業務には従事させないといった制限を課す場合もあります。

ただ、実務上、リソースの関係から上記の対応が難しい場合もあるため、どのような措置を取るかは実際のリスクに照らして個別の検討が必要です。

2　競業避止義務

JV契約では、パートナーがJVと直接競合する事業を行わないことを定めた競業避止義務が設けられることがあります。一般的に、競業避止義務は、JVの事業活動に直接関連する必要な制限であれば許容されると考えられていますが、この範囲を超える合意をすると競争法違反となるおそれがあります。競業避止義務が許容されるか否かの判断要素として、①義務の対象となる製品、②期間、③地理的範囲が重要です。

(1)　対象製品

競業避止義務の対象となる製品はJVが扱う製品に限定する必要があります。例えば、米国の三大テノール事件では、レコード会社であるPolygramとWarnerが、サッカーワールドカップ1998年大会を記念して行われた三大テノールのコンサートのCDを共同販売する合意をしたところ（これもJVの一種です）、これに関連して過去にPolygramが販売した1990年大会のCDとWarnerが販売した1994年大会のCDについても互いに広告宣伝と値引きを行わないことを約束したことが違法と判断されました。

(2) 期間

JV契約では、JV期間中だけでなくJVの終了後も一定期間競業避止義務が存続する旨定められることがありますが、この期間が長すぎると問題となります。EUのSiemens/Areva事件では、JV終了後8年から11年の競業避止義務を定めた条項が、3年を超える部分につき違法と判断されました。

なお、100%買収の場合でも売主に対して一定期間競業避止義務を課す場合がありますが、EUでは、そのような競業避止義務は、原則として、買主へののれん（goodwill）とノウハウの移転がある場合は3年、のれんのみの場合は2年までは許されるとされています。

(3) 地理的範囲

競業避止義務の地理的範囲は、JVの活動範囲に限定する必要があります。例えば、EUのTelefónica/Portugal Telecom事件では、スペインとポルトガルの会社が行っていたブラジルの通信事業JVを解消する際の買収契約において、両社がイベリア半島市場内において競合事業を行わない旨の合意をしていたことが違法な市場分割に当たると判断されました。ブラジルに関するJVなのにイベリア半島での競争を禁止するのはおかしいということです。

（井上）

実務論点 47 米国のスタートアップ企業の買収を検討しています。同社は、巨大IT企業の元エンジニアが立ち上げた会社で、ある先進技術について強みを持っています。このような企業を買収する際の注意点を教えてください。

知的財産/営業秘密/アクイハイヤ/FTO調査/ライセンス契約

1　先進技術を目的とするM&A

先進技術の獲得を目的（の１つ）とするM&Aでは、まず、対象会社においてその技術がどのように具体化されているかを確認する必要があります。技術が特許などの知的財産権として結実している場合には、その知的財産権をしっかりと承継できるかがポイントとなります。

これに対し、技術が権利化されていない場合や、権利化に適さないノウハウ等である場合には、営業秘密として承継できるかを検討します。さらに、技術を生み出す能力を持った技術者の獲得を目的とするM&A（いわゆるアクイハイヤ）では、リテンションが重要な論点となります（実務論点36参照）。

2　知的財産DD

(1)　知的財産DDのチェックポイント

知的財産権の調査のために行うのが知的財産DDです。知的財産DDには、技術の有用性、収益性、資産的価値、買主とのシナジーの評価等、多様な側面からの調査・評価が含まれますが、法務面で特にチェックすべき重要なポイントとして、以下のものが挙げられます。

ア　対象会社が保有する知的財産の内容

イ　知的財産の登録が有効に行われているか、どの国で登録されているか

ウ　知的財産に関する紛争の有無・おそれ

エ　共同研究開発契約、開発委託契約、ライセンス契約等の契約

オ　対象会社の知的財産ポリシー・管理体制

(2)　FTO調査

知的財産に関する紛争としては、対象会社の知的財産が第三者により侵害されている場合と、対象会社が第三者の知的財産を侵害している場合があります。後者について懸念がある場合、FTO（Freedom to Operate）調査を行うことが考えられます。これは対象会社の製品やサービスが他社の知的財産を侵害していないかをデータベース等をもとに調査するものです。ただ、FTO調査は外部の専門業者に依頼するこ

とが多く、時間と費用がかかるため、特に重要な技術に限って行うことも考えられます。

(3) ライセンス契約

ライセンス契約には対象会社が第三者に権利を許諾するライセンスアウト、第三者から権利の許諾を受けるライセンスイン、契約当事者が相互に権利を許諾するクロスライセンスがあります。

特にライセンスインの契約やクロスライセンス契約では、M&Aの実行により対象会社の株主が変動することを契約の解除事由とするチェンジオブコントロール条項が入っていないか確認する必要があります。

3 営業秘密

(1) 営業秘密の管理体制

営業秘密も知的財産DDの範囲に含まれることが多いです。ただ、営業秘密は知的財産のように登録されているわけではないため、そもそも何が営業秘密に当たるかを特定することが困難な場合も少なくありません。また、対象会社が営業秘密の開示を契約締結やクロージング実行ぎりぎりまで拒むこともあります。

そこで、営業秘密については、「対象会社において営業秘密が適切に管理されているか」という観点からの調査が重要となります。営業秘密の適切な管理は、後述のとおり営業秘密が法律による保護を受けるためにも必須の要件です。代表的な調査項目は以下のとおりです。

ア　適切な営業秘密管理規程を設け、従業員に周知しているか

イ　営業秘密が秘密として管理され、従業員によるアクセス制限がされているか

ウ　従業員との間で秘密保持契約が締結されているか

エ　営業秘密が第三者に開示されていないか、開示されている場合、秘密保持契約を結び、利用終了後は破棄・返還されていることを確認しているか　等

(2) 営業秘密の漏えい・盗用対策

営業秘密は無形的な情報ですので、営業秘密を知っている者であれば容易に利用できてしまいます。そこで、M&A実行後に売主や対象会社の従業員・元従業員等による営業秘密の漏えい・盗用を防止するための手立てが必要になります。

まず、営業秘密は、一定の要件を満たす場合には法律で保護されることがあります。参考まで、日本、EU、米国で営業秘密に関する法的枠組みは以下のとおりです。

日本	不正競争防止法
EU	営業秘密保護指令
米国	不法行為法リステイトメント、統一営業秘密法（UTSA)、経済スパイ法（EEA)、営業秘密保護法（DTSA)

営業秘密として保護されるための要件は国により異なりますが、極めて大雑把にいえば、①非公知性、②商業的価値および③秘密保持のための合理的な措置が求められることが多いです。

ただし、常に法律上の保護が受けられるとは限らないため、売主との契約で、営業秘密に関する秘密保持義務や競業避止義務を課すことが考えられます。また、対象会社の従業員・元従業員等による営業秘密の漏えい・盗用が生じた場合に売主に対する補償を求めることも考えられます。

(3) 第三者の営業秘密の侵害

以上に加え、対象会社が第三者の営業秘密を侵害していないことも重要です。これが問題となったのが米国のWaymo対Uber事件です。Uberは、グーグルで自動運転技術に携わっていたエンジニアが立ち上げた自動運転トラックの会社を2016年に買収しましたが、その後、グーグル傘下のWaymoから、同エンジニアがグーグルの自動運転技術を盗用したとして訴えられました。報道によれば、最終的にUberがWaymo側に2億4,500万ドル（約270億円）相当の自社株を譲渡することおよびUberが今後Waymoの技術を使わないことを条件に和解したとのことです。

企業や大学・研究機関から独立して立ち上げた会社を買収しようとする場合、その技術が適法・有効に会社に帰属しているのかについて、細心の注意を払う必要があります。

（井上）

第13　スタートアップ出資

実務論点48　買収ではなく、米国やイスラエルのスタートアップ企業への出資を考えています。国内のベンチャー出資と何が違いますか。

定款/優先株式/投資契約/株主間契約/分配合意書

1　類似点

日本のスタートアップ出資の実務は、米国の影響を大きく受けており、この点では、イスラエルも同様です。したがって、日本、米国、イスラエルのスタートアップ投資実務は、かなりの部分で類似します。

いずれの国でも、シードラウンド後のラウンドでは、普通株式ではなく、優先株式での出資が主流です。また、日本では、①定款、②投資契約、③株主間契約、④分配合意書において、それぞれ、以下のような定めを置くことが一般的です（経済産業省作成の2018年3月付け「我が国における健全なベンチャー投資に係る契約の主たる留意事項」（2022年3月改訂））。

定款	優先配当、残余財産分配の優先、取得請求権、取得条項、議決権、株式分割等
投資契約	資金使途、表明保証（発行会社、創業株主）、投資家の優先引受権、契約違反時の取扱い（発行会社、創業株主への損害賠償請求権、株式売付請求権）、契約の終了
株主間契約	事前承認/事前通知、情報開示、取締役指名権およびオブザーベーションライト、創業株主の専念義務、Exit（IPO、M&A）協力義務、先買権および共同売却請求権、契約違反時の取り扱い、新規株主の参加、優先関係、契約の終了

分配合意書	同時売却請求権、みなし清算条項、新規株主の参加、優先関係、契約の終了

これに対し、米国のNational Venture Capital Association（NVCA）が公表するタームシートひな型（2020年8月）も、以下のとおり、上記とかなりの部分で重複しています。

定款	Dividends（優先配当）、Liquidation Preference（残余財産優先分配）、Deemed Liquidation Event（みなし清算条項）、Voting Rights（議決権）、Protective Provisions（拒否権）、Optional Conversion（普通株式を対価とする取得請求権）、Anti-dilution Provisions（希釈化防止）、Mandatory Conversion（取得条項）、Pay-to-Play、Redemption Rights（金銭を対価とする取得請求権） 注：Pay-to-Play（ペイトゥプレイ）とは、次回以降のラウンドにおいて、投資家が持分割合ベースで参加しない場合には、以後、投資家に与えられている優先株式条の権利が制限されるという取扱いをいいます。
投資契約	Representations and Warranties（表明保証）、Regulatory Covenants（CFIUS）（CFIUS対応義務）、Condition to Closing（前提条件）、Counsel and Expenses（費用）
投資家の権利に係る契約	Registration Securities、Demand Registration、Registration on Form S-3、Piggyback Registration（以上は、各種の証券取引法上の登録請求権に係る規定）、Expenses（費用）、Lock-up（ロックアップ）、Termination（登録請求権の終了）、Management and Information Rights（情報請求権）、Right to Participate Pro Rata in Future Rounds（優先引受権）、Matter Requiring Investor Director Approval（選任取締役による拒否権）、Non-Competition Agreement（競業避止義務契約）、Non-Disclosure, Non-Solicitation and Developments Agreement（秘密保持義務、勧誘禁止義務、発明等譲渡契約）、Board Matters（取締役会の運営）、Employee Stock Options（ストックオプション）、

	Limitations on Pre-CFIUS-Approval Exercise of Rights（CFIUSクリアランス取得までの権利制限）、Springing CFIUS Covenant（CFIUSファイリングを要する場合の義務）、Limitation on Information Rights（非公開技術情報へのアクセス制限）
先買権・共同売却権契約	Right of First Refusal/Right of Co-Sale（Take-Me-Along）（先買権、共同売却権）
議決権契約	Board of Directors（選任取締役）、Drag Along（ドラッグアロング）
その他	Founder's Stock（創業者株式のベスティング）、Existing Preferred Stock（既存優先株との調整）、No-Shop/Confidentiality（一定期間、他の投資家を勧誘しない義務等）、Expiration（有効期間） 注：創業者株式のベスティングとは、創業者が一定期間内に会社を辞めてしまった場合に、会社が創業者株式を買い戻すことができることをいいます。

2　相違点

⑴　書式

上記のとおり、日本では、優先株式、投資契約、株主間契約、分配合意書の書式が用いられていますが、米国では、定款、投資契約書、投資家の権利に関する契約書、先買権および共同売却権に関する契約書、議決権行使にする契約書の書式が用いられます。

イスラエルでは、定款と投資契約（および投資家の権利に関する契約）の書式が用いられます。英国でもそうですが、イスラエルの定款は柔軟性が高く、日本であれば定款記載事項が法的に限定されているため株主間契約で規定せざるを得ないような内容でも、定款で規定することが可能です。

⑵　権利関係

日本、米国およびイスラエルでは、書式は異なっても、規定される権利関係はかなり重複しますが、地域差はあります。例えば、日本で伝統的に多くもちいられてきた表明保証違反等があった場合にスタートアップや創業株主に投資家の株式を買い取らせるプットオプション条項（特に創業者に買い取らせるもの）は、米国、イスラエルでは定めらないのが一般的です。

また、日本では、残余財産分配の優先は、参加型（優先株主が優先分配を受けた後の残余の財産につき、普通株式と同等の分配を受けます）が多いですが、米国、イスラエルでは、参加型ではなく、非参加型（優先株主が優先分配を受けた後の残余の財産につき、優先株主は重ねて分配を受けない）になることが多いです。

同様に、優先配当については、米国、イスラエルとも参加権（優先株主に優先配当がなされた後、普通株主に配当がなされる場合、普通株式と同等の配当を受けます）を定めないのが一般的です。日本では、参加権を定めることもありますが、最近では、非参加型（優先株主に優先配当がなされた後、普通株主に配当がなされる場合、優先株主は重ねて配当を受けない）とするケースも増えています。配当を行うには会社法で規定される分配可能利益が必要ですが、スタートアップではこうした利益が出ず、配当が行うことができないことも多いこと、また、仮に分配可能利益が出たとしても、配当よりは新たな投資に回したいという要請があることが理由として挙げられます。

また、実務論点6のとおり、米国では、支配権を取得しない場合でも、スタートアップの事業によっては、CFIUS規制の対象になることがありますので、CFIUS対応に関する条項も規定されています。日本でも、外資規制は存在しますので、ケースによっては、そうした規定が盛り込まれることもあると思いますが、米国のようにひな型化はされていません。

加えて、日本では一般的ではありませんが、米国やイスラエルでは、Pay to Play条項が入っていることがあります。同条項は、Aラウンドでは出資したがBラウンドでは出資しないというように、ラウンド出資を継続しない場合、（優先株主としての）優先権を制限されるという条項です。日本企業がCVC出資する場合、こうした継続した出資は想定していないことが多いと思われますので、注意が必要です。

これも日本では一般的ではありませんが、米国やイスラエルでは、創業株主が会社を去った場合に会社は創業株主の株式を出資価格で買い戻すことができ、買い戻すことができる株式は創業株主の在籍年数が長ければ長いほど少なくなるという創業者株式のベスティングという仕組みが盛り込まれることがあります。

（関口）

実務論点49　シリコンバレーのスタートアップ企業から、ブリッジでの出資を求められているのですが、通常のラウンド投資とは何が違いますか。日本の規制上何か気を付けるべきことはありますか。

ブリッジ（**Bridge**）**/転換ローン**（**Convertible note**）**/貸金業法/転換株式**（**Convertible equity**）

1　転換ローン

スタートアップ出資は、シード→Aラウンド（アーリー）→B・Cラウンド（イクスパンション）→Dラウンド（レイター）というように、出資ラウンドを重ねていきます。各ラウンドでは、スタートアップのバリュエーションが行われ、1株あたりの出資額が決定された上、株式が発行されます。

一方で、次ラウンドまでの間に「つなぎ」で行われる資金調達をブリッジ（Bridge）といいます。ブリッジでは、バリュエーションを行わず、株式も発行しません。米国でもっとも典型的なブリッジは、転換ローン（Convertible note）です。転換ローンは、投資家からスタートアップへの貸付けとして行われた上、次ラウンドが発生した場合には、当該ローンを株式に転換できます。ただし、転換ローン保有者は当該ラウンドより前に与信して貢献していたわけですので、当該ラウンドの1株あたりの価格よりディスカウント（例えば、20%ディスカウント）価格で、転換できます。

例えば、Aラウンドの前に転換ローンを引き受けていた場合、その後Aラウンドが発生し、同ラウンドでのバリュエーションが1株あたりの1,000米ドルの評価になったのであれば、Aラウンドにおいて、20％ディスカウントの1株あたり800米ドルで、ローンを株式に転換することができます。また、ディスカウント以外にも、キャップ（転換価格上限）を合意することもあります。キャップが1株あたり700米ドルであれば、上記の例では、1株あたり700米ドルでの転換が可能になります。

2　貸金業法

日本企業にも、米国のスタートアップから、こうした転換ローンの引き合いがくることがあります。もっとも、日本の会社が引き受ける場合には、日本の貸金業法との関係に注意が必要です。

すなわち、転換ローンは、米国ではローン（金銭の貸付け）として、貸金業法の規制対象の取引になり得ます。貸金業で規制される貸付けを行う場合、貸金業の登録をしなければなりません。しかし、貸金業の登録に必要な態勢整備に大きな負担がかかるので、通常の事業会社にとっては貸金業法の登録は容易な選択ではありません。

しかし、本件の場合、債務者は日本の会社ではなく、米国の会社であるため、日本の法律である貸金業法が適用されるのか疑問が生じます。この点、東京高判平28・12・12判時2349号18頁では、「日本国内において金銭の貸付けの一部を業として行っている限り、顧客が国外の借主のみであっても、「貸金業を営」むこと（貸金業法3条1項）に該当するものと解するのが相当」と判示されています。本判決は、さらに、「日本国内に本店を有し、日本国内において金銭の貸付の一部である送金行為を業として行っているのであるから、貸金業を営んでいるものというべきである」としています。転換ローンにおいても、日本の会社がローン金額を米国に送金するため、転換ローンの引受けが貸金業を行うものと認定される可能性があることになります。

なお、貸金業法の議論では、「業として営む」かは1回であっても反復継続の意思があると該当する可能性があるとされていますので、1回であっても該当可能性がないわけではありません。

したがって、米国のスタートアップの転換ローンを引き受ける場合には、貸金業法の適用がありうることを前提に検討するのが安全です。その上での解決策ですが、例えば、米国から米国への貸付けであれば、日本の貸金業法の適用はありませんので、米国の子会社に転換ローンを引き受けさせることが考えられます。

加えて、最近の米国実務では、ブリッジとして、転換ローン以外にも、転換株式（Convertible equity）での資金調達も見受けられますので、そうした転換株式方式（ローンに該当しない形での出資）を検討できないか、スタートアップと交渉することも考えられます。

なお、転換ローンは、シリコンバレーでは、あくまでつなぎであって次ラウンドでの株式への転換が予定されており、ローンであっても満期に返還請求をしないことが当事者間の当然の前提とされています。こうした実務からは、転換ローンが日本の貸金業法が適用されるべきローン（貸付け）に該当するのか疑義があり、これを理由に、貸金業法の適用を否定する解釈の余地がまったくないわけではないと思われます。しかし、現時点では、先例や明確な行政解釈等もないため、このような解釈が普及しているわけではなく、そのような整理の有効性には疑義があります。

（関口）

第 14　上場会社の買収

実務論点 50　上場会社の買収は、非上場会社の買収と比べ、何が異なりますか。

開示/公開買付け（TOB）/表明保証/スキームオブアレンジメント（Scheme of Arrangement）

1　上場会社買収の特質

上場会社を買収する場合、売主が不特定多数の投資家になります。こうした特質により、上場会社買収特有の注意事項が生じることになります。

2　株主の公正な取扱い

上場会社の株主は不特定多数の株主であるため、上場会社の買収にあたっては、これらの株主の公平な取扱いが強く要求されることになります。

(1)　公開買付け

このため、上場会社の買収にあたっては、一定割合以上の株式取得について公開買付け（TOB）が義務付けられます。公開買付けの本質は、上場会社の情報や買収交渉へアクセスできない不特定多数の投資家に、買付条件等の適切な情報を、適切なタイミングで開示し、情報の非対称性を解消した上で、公開買付けに応じるかを選択させることにあります。

公開買付けの開示ルールは、法令および証券取引所規則にしたがって行われます。なお、英国では、民間の自主規制機関（テイクオーバーパネル）が制定したルール（テイクオーバーコード）に沿って、手続を行うことになります。

このような手続に従わなければならないため、公開買付けにおいては、開示を含めたスケジュール管理が重要になります。

また、開示の裏表の問題ですが、上場会社を買収する際には、非公表のインサイダー情報の管理にも気をつけなければなりません。例えば、競争当局等とのコンタクトの時期、方法についても、非上場会社案件より慎重に検討を行わなければなりません。

(2) スキームオブアレンジメント

英国法系の国では、スキームオブアレンジメント（Scheme of Arrangement）という制度が存在することがあります。スキームオブアレンジメントは、対象会社の株主総会での決議を前提に、裁判所で許可を取得した上、対象会社の全ての株主から株式を取得する手続です。例えば、英国の場合、株主集会において出席株主の過半数が承認し、かつ、かかる承認株主の所有に係る議決権数が、議決権行使総数の75%以上であること等が要件になります。

こうした方法であれば、上場会社であっても、公開買付ではない形で、買収を行うことができます。対象会社のマネジメントの協力が必要ですので、友好的なディールで用いられます。なお、このスキームであっても開示対応が必要です。

3 DD

上場会社は、有価証券報告書（米国ではForm 10-K）、証券取引所開示等で、継続開示を行っているため、一定限度ではあるものの、公開情報に基づくDDを行うことが可能です。

また、監査法人による監査（audit）がなされているため、未監査である会社に比べ、財務諸表の信頼性が高いといえます。

4 表明保証

公開買付けでは、不特定多数の株主と個別にSPAを締結することはしません。このため、買主（公開買付者）は、応募株主に対し、表明保証責任を問えません。

公開買付者との間で応募契約を締結した一部の大株主に対しては、同契約に規定される限度で表明保証責任を問うことも可能ですが、その場合でも当該表明保証責任でカバーされるのは当該大株主から取得した株式に限られるので、当該大株主以外から取得した株式に生じた損害の補償を受けることはできません。

なお、こうした問題については、表明保証保険により、リスクを緩和するアレンジも可能です。例えば、上記の応募契約に規定された表明保証条項を対象として、表明保証保険を付保する方法が考えられます。保険会社との交渉が必要ですが、保険金が支払われる上限である保険金額について、応募契約を締結した大株主から取得する株式価値を超えて設定できれば、表明保証をしない一般株主から取得する株式価値分（の一部）も保険でカバーできます。

（関口）

●事項索引

アルファベット

Altice/PT Portugal 事件……84
BIC（Bank Identifier Code）……77
Bribery Act（UKBA）……24
CFIUS……20, 143
CFIUS DD……19, 20
Confidentiality Agreement（CA）
⇒秘密保持契約
CSE……18
CVC 出資……143
DCF 法……35, 61
DD……2, 14, 116
DD レポート……33, 100, 104
debt free cash free……8
divestiture……93
E-signing……70
E&Y/KPMG Denmark 事件……84
EBITDA マルティプル……36, 43, 69
Endorsement……102
ESG デュー・ディリジェンス……29
ESG リスク……29
EU 一般データ保護規則（GDPR）……113
Exit……128, 129
FCPA ⇒米国海外腐敗行為防止法
Forward-looking……104
FTO 調査……136
GDPR ⇒ EU 一般データ保護規則（GDPR）
hell or high water 条項……93
IBAN（International Bank Account Number）……77
JT・マイティケース……18, 43
Leakage……64
LoI（Letter of Intent）……2, 14
MAC（Material Adverse change）……45, 46, 120
MoU（Memorandum of Understanding）……2, 14
NBI レポート（Non-Binding Indication report）……97, 100, 101
NDA（Non-Disclosure Agreement）
⇒秘密保持契約
OFAC 規制……31
Pay to Play……143
PMI……18, 32, 34, 39
ROFO……128
ROFR……128
Siemens/Areva 事件……135
Social & Economic Committee（CSE）……79
spillover……133
SWIFT……77
Telefónica/Portugal Telecom 事件……135
TID 米国事業……80
TSA 契約（Transition Service Agreement）……110
UBO（Ultimate Beneficiary Owner）……5
Waymo 対 Uber 事件……138

あ行

アーンアウト（Earn-out）……68, 108
アクイハイヤ……107, 136
アサヒ・インディペンデントリカーケース……103
アセットディール（Asset deal）……41
アボーション（abortion）……5
アポスティーユ（Apostille）……74
アムネスティ⇒リニエンシー制度
アンダーライティングコール……100
アンチサンドバッギング（Anti-sandbagging）……54, 59, 115
一部買収……58
委任契約書（Engagement letter）……4
委任状（Power of Attorney）……72
インセンティブ契約……117
インセンティブ報酬……108

インフォメーションメモランダム
(Information Memorandum)……1, 118
営業秘密……13, 136, 137
エスクロー（Escrow）……56, 60
応募契約……149
オファーレター（offer letter）……1, 7

か行

カーブアウト……33, 58
海外腐敗行為防止法（FCPA）
……24, 25, 114
外国公務員贈賄罪……24
外為法……78
買主候補（upfront buyer）……93
確認DD（Confirmatory DD）……38
貸金業法……145
株主間契約……125
カルテル……26, 30, 58
簡易届出（Declaration filing）……81
管轄……65
ガンジャンピング……83, 86, 89, 111
勧誘禁止義務……120
キーパーソン……107
企業結合届出⇒競争法届出
基準純運転資本（Target Net Working Capital）……62
基本的表明保証（Fundamental representations and warranties）……51
義務的届出（Mandatory filing）……80
キャッシュマネジメントシステム（CMS）
……120
キャッシュライクアイテム（Cash-like item）……36
競業避止義務……44, 52, 120, 134
競争法届出……83, 88, 131
共同支配……127, 131
拒否権……126, 130, 131
クラスアクション……27
クリーンチーム……86
クリーンチーム契約……87
クリアランス……83, 89
クロージングチェックリスト……78
クロージング調整（Completion account）方式……46, 62, 63
公開買付け（TOB）……147
合弁会社⇒ジョイントベンチャー
コールオプション……129
コンプライアンスPMI……111
コンプライアンスプログラム……112
コンプライアンスポリシー……29
コンプライアンスリスク……58, 111

さ行

差止め……13
三大テノール事件……134
残留情報……12
シェアディール（Share deal）……41
事業価値（Enterprise value）……8, 35
事前同意事項……126
実質的ガンジャンピング⇒ガンジャンピング
児童労働……30, 31
シナジー効果……37
支配権の移転……85
支配権の取得……89, 131
社内リニエンシー……112
純運転資本（Net Working Capital）…61
準拠法……64
純有利子負債（Net Debt）……8, 35, 36, 61
ジョイントベンチャー……89, 125
ジョイントベンチャー契約……125
情報交換……133
情報遮断措置……86, 133
ショートリスト……2
処分義務……93
人権侵害……31
人身売買……30
スキームオブアレンジメント（Scheme of Arrangement）……148
ステープルドインシュアランス
(Stapled insurance)……96, 105, 118
ステップアップ（Tax step-up）……42

ストックオプション……108
誓約……59
センシティブ……85
センシティブ情報……83, 133, 134
前提条件……59, 91
贈収賄……24, 30, 58
贈収賄リスク……24
そーせい・ヘプタレスセラピュティクスケース……69
争訟義務……93
ソフトステープル……98
ソフトバンク・スプリント / ブライトスターケース……16
損害の累計額の下限……49

た行

第一三共・ランバクシーケース……17
待機義務違反……83
第三者請求……121
代理人による私署認証……73
高値掴み……37
タグアロング……128
タックスヘイブン対策税制……16
チェンジオブコントロール条項……137
知的財産権……136
仲裁……66
ティーザー（Teaser）……1, 118
ディールキラー……31, 32
ディスカバリー（discovery）……68
ディスクロージャースケジュール（Disclosure schedule）……46, 59, 115, 122
ディダクタブル（deductible）……50
ティッキングフィー……93
ティッピング（tipping）……50
手続的ガンジャンピング⇒ガンジャンピング
デットライクアイテム（Debt like item）……32, 36, 117, 123
デッドロック……127, 130
デミニミス（個別請求の下限）……49
転換ローン（Convertible note）……144
統括管理（ディールマネジメント）……47
特別補償（Special/specific indemnification）……33, 55, 60, 115
届出（Notice filing）……81
届出義務違反……83
ドラッグアロング……128
奴隷労働……30, 31

な行

内部通報制度……112
日本板硝子・ピルキントンケース……19
日本ペイント・アクサルタケース……20
入札……96, 117
任意届出（Voluntary filing）……80
ノウハウ……136
ノンリコース（Non-recourse）……98, 106

は行

バーチャルデータルーム……46, 100, 106, 118
ハードステープル……98
ハラスメント……30
秘密保持契約……1, 9, 10, 14
表明保証……31, 59, 115
表明保証保険……60, 95, 149
不正競争防止法……13, 138
プットオプション（Put option）……79, 129
船井電機・フィリップスケース……119
ブリッジ（Bridge）……144
フルファンクションJV……131
プレミアム……37
プロサンドバッギング（Pro-sandbagging）……54
プロセスレター（Process letter）……1,7, 14, 118
フロンティング（Fronting）……97, 100
紛争解決条項……115
紛争鉱物……31
米国海外腐敗行為防止法……24, 25, 114
ベンダーDD……14, 96, 101, 117
ベンダーDDレポート……14, 118

ホールドバック（Holdback）……57, 60
保険ブローカー……97, 99, 102
補償……32, 59
補償上限額……49
本人による私署認証……73

ま行

マネジメントアカウント……63
マリオット・スターウッドケース……18, 114
マルティプル法……35
無事故申告書（No Claim Declaration）……101
免責事由（Exclusion）……104

や行

輸出管理規制……31

ら行

ライセンス契約……137
リクシル・グローエケース……17, 39, 103
リクシル・ペルマスティラーザケース……20
リスクベースアプローチ……24
リテンション……107, 136
リニエンシー制度……114
リバースブレークアップフィー……93
リミテッドリコース（Limited-recourse）……98, 105
領事認証……74
レッドフラッグレポート（Red flag report）……5
連邦量刑ガイドライン……114
ローカルカウンセル……52
ロックアップ……108
ロックドボックス方式……46, 63, 78, 120
ロングストップデート……92
ロングリスト……2

執筆者紹介

関口尊成（せきぐち・たかなり）
弁護士、ニューヨーク州弁護士、博士（法学）

日比谷中田法律事務所 パートナー。国内外のM&A、ジョイントベンチャー、CVC（事業会社によるベンチャー出資）、表明保証保険、企業結合規制等に関するアドバイスを提供している。2004年東京大学法学部卒業。2006年明治大学法科大学院修了。2015年コロンビア大学ロースクール修士課程修了（LLM）。2023年神戸大学大学院法学研究科博士課程後期課程法学政治学専攻（競争法）修了。2007年弁護士登録。2016年ニューヨーク州弁護士登録。主な著書として、『M&A保険入門――表明保証保険の基礎知識』（保険毎日新聞社、2021年）。

井上俊介（いのうえ・しゅんすけ）
弁護士

日比谷中田法律事務所 パートナー。国内外のM&A、ジョイントベンチャー、企業結合届出を含む競争法・独占禁止法およびコンプライアンスに関するアドバイスを提供している。2005年早稲田大学教育学部卒業。2008年東京大学法科大学院修了。2016年ロンドンスクールオブエコノミクス修士課程修了（LLM）。2009年弁護士登録。

論点解説　クロスボーダー M&A の法実務

2023年５月10日　初版第１刷発行

著　　者　関　口　尊　成
　　　　　井　上　俊　介

発 行 者　石　川　雅　規

発 行 所　株式会社 商 事 法 務

〒103-0027 東京都中央区日本橋 3-6-2
TEL 03-6262-6756・FAX 03-6262-6804〔営業〕
TEL 03-6262-6769〔編集〕
https://www.shojihomu.co.jp/

落丁・乱丁本はお取り替えいたします。　印刷／広研印刷㈱

Printed in Japan

ISBN978-4-7857-3028-4

*定価はカバーに表示してあります。